LE MARKETING DE RESEAU :30 RAISONS POUR SE LANCER

Pourquoi démarrer ce business au potentiel fort alléchant?

Honoré Boris TAKALA

« Rien n'est plus dangereux au monde que la véritable ignorance et la stupidité consciencieuse.. »

Martin Luther King

TABLE DES MATIERES

13. Par recherche d'une activité flexible

14. Ressouder les liens familiaux et sociaux

15. Se faire un nom sur la terre

16. Aimer et Vouloir aider les autres

17. Parce que Le risque financier est minime ou presque nul

18. C'est fait pour tout le monde ; pas besoin de formation qualifiante ou certifiante

19. Parce que vous voulez travailler à votre rythme, en tout lieu et en tout temps

20. Viser la liberté financière

21. Des charges et une fiscalité amoindries et allégées

22. Des revenus immédiats et sur le long terme

23. Des revenus proportionnels aux efforts

24. Vivre comme un millionnaire

25. Investir sur la seule ressource intarissable : l'homme

26. Obtenir un statut de VDI

27. C'est une activité à effet levier

28. Et si l'argent travaillait pour vous ?

29. Elargir sa zone de confort

30. Les prévisions quant à l'avenir

« La folie est de toujours se comporter de la même manière et de s'attendre à un résultat différent. »

Albert Einstein

PREAMBULE

De tout temps, l'homme a rythmé son quotidien par de nombreuses activités qui concourent à son épanouissement. Il travaille pour améliorer son quotidien, se nourrir, se vêtir, se loger, s'éduquer, fonder sa famille, et bien d'autres. Avec le progrès de la science et la variabilité des cultures, il est en quête permanente d'innovations. Il voyage ou se sédentarise, s'adapte aux variations du temps et de l'espace, afin de parfaire son séjour.

Il interagit ainsi avec son ou ses semblables en développant des formes d'échanges, pour soit avoir ce dont il désire, soit offrir ce qu'il a, comme bien ou service.

Dans ces échanges qui se diversifient, il créé ou adopte le système qu'il juge meilleur. En effet, depuis les temps préhistoriques, les hommes comptent et échangent leurs biens. Ces formes d'économies très anciennes étaient alors basées sur le crédit et le troc, mais aussi sur les échanges de services à valeurs jugées équivalentes. L'utilisation des pierres précieuses et autres matières naturelles, ainsi que certains produits agricoles étaient utilisés comme contrepartie pour services rendus, le fameux salaire. Avec la multiplicité des tendances et des croyances à travers le monde, les échanges se sont plus ou moins standardisés, sans en acquérir un caractère universel. Au sein de cette énorme variabilité, avec les idées qui évoluent et les découvertes qui s'intensifient, apparait alors la monnaie avec sa nature métallique, qui lui confère un caractère incorruptible, homogène, malléable, et aussi relativement rare. Elle tend à universaliser les échanges, en acquérant des valeurs. Les dénominations vont alors de distinguer selon les aires géographiques, et les accords fixeront les balances. Cette évolution, qui ne s'arrête guère, arrivera à la dématérialisation de la monnaie, avec la création des comptes et l'émergence des paiements électroniques et des crypto monnaies. Elle est l'essence des échanges et des avoirs. Le quotidien de l'homme est donc rythmé par les activités, qui visent toutes directement ou indirectement à acquérir ce précieux métal, qui a acquis diverses formes. Ils travaillent donc pour l'obtenir, et innovent quant aux moyens d'y parvenir.

Cette quête de la modernisation des échanges entre individus s'intensifie dans les secteurs commercial et de l'emploi, qui présentent une forte concurrence. Dans ce système largement connu dans lequel la monnaie reste en perpétuelle circulation, les individus travaillent soit pour eux, soit pour les autres, soit encore pour les états. Ce cumul de faits fait émerger des classes sociales, ce qui impose le respect ou le mépris. Les inégalités naissent, et les frustrations voient le jour. Mais l'homme, dans sa créativité qui ne tarit pas, met sur pieds une forme d'activité qui associe commerce et emploi, fluidifie les échanges, uniformise les individus, brise les inégalités, et homogénéise les peuples, visant à les rendre tous égaux. C'est le marketing de réseau. Il nait sur des idées fortes, se propage de pays en pays avec des allures messianiques, bouleverse les économies traditionnelles au gré de sa modernisation, et s'adapte presque toujours aux diverses sociocultures. Les individus s'y prêtent diversement, mais son caractère ne fléchi point. Il est en permanente adoption, et sa venue impose la mutation des formes d'échanges sur un plan universel, en offrant aux individus le caractère d'acteur et non plus de spectateur. Activité aux multiples vertus, il façonne l'homme, émancipe et aiguise les mentalités.

Cependant, son caractère nouveau le rend parfois mal compris, et souvent combattu. Ceci est normal. Les individus et les cultures ne connaissant pas à travers le monde une évolution similaires, et ne découvrent pas cette manne au même moment. Mais toujours est-il, au-delà de son caractère positif universellement plébiscité, nombreux sont ceux qui ne savent pas pourquoi s'y engager.

Ce livre arrive donc avec un chapelet de raisons fondamentales qui éclaireraient la lanterne de bon nombre d'individus à travers le monde. En lisant cet ouvrage, vous trouverez à coup sûr une ou plusieurs raisons qui vous pousseront à rejoindre ce train de la modernité.

➤ Si vous êtes encore sceptiques, ceci est votre bible.

➤ Si vous ne savez pas du tout ce que représente le marketing de réseau, ce livre est aussi fait pour vous. Vous y aurez une ou des idées, mais aussi des connaissances à propos, ce qui vous édifiera et construira votre jugement.

➤ Si vous avez une connaissance de ce que représente le mlm, mais vous ne savez pas avec quelle entreprise travailler, cet ouvrage ne vous donnera pas certainement la réponse car aucune référence à une quelquonque entreprise de marketing de réseau n'y est mentionnée, mais vous pouvez avoir recours à moi, auteur, qui est un professionnel dans le domaine.

➤ Si vous êtes déjà dans cette activité, et que vous vacillez, ce livre vous offre des arguments en béton, qui vous aideront à tenir bon, afin d'avancer et réaliser vos rêves, ceci étant le but lorsque l'on s'y lance. Ceci est d'autant plus vrai si vous avez pris une pause ou avez quitté le navire.

Pour finir, sans prétendre être un livre saint possédant des vérités irréfutables et incorruptibles, l'auteur reste favorable et ouvert à toute critique ou suggestion. Il se tient aussi disponible pour toute formation, conseil ou accompagnement, si vous en êtes à la quête.

Un merci vous est adressé pour la lecture de cet ouvrage. N'hésitez pas à la conseiller fortement à vos proches, collègues et partenaires.

L'auteur

I.   LE MARKETING DE RESEAU

De nombreux auteurs se sont penchés sur la naissance de cette merveilleuse activité qu'est le marketing de réseau. Ils relatent alors les circonstances de cette naissance en l'associant à des faits variables selon les auteurs. Nous ne les évoquerons pas tous ici. Cependant, les rapprochements entre les évènements dans les mobiles qui ont contribué à la naissance de ce concept sont suffisants pour pousser à réflexion.

La global network marketing school affirme que, Comme tous les concepts puissants, le « Network Marketing » a également rencontré des résistances en raison d'un manque de compréhension. Il n'y a aucun mystère dans le marketing de réseau. C'est juste une autre forme de vente et de distribution de produits ou services. Le marketing de réseau a environ 70 ans d'existence. Au début des années 1940, une société sous du nom de « California Vitamines » fit le constat suivant :

> Les nouvelles personnes qui rejoignaient leur équipe de vente étaient des proches (famille, amis) de la force de vente existante. Les produits de l'entreprise étant de très bonne qualité, ces personnes voulaient simplement avoir accès au prix de gros.

> Il était plus facile et plus rentable d'avoir une force de vente composée de multiples personnes vendant chacune de petites quantités, que de trouver des superstars de la ventes qui seraient dans l'obligation de vendre des lots importants de marchandises.

Ils ont donc combiné ces deux idées et bâti un plan de compensation qui encourageait leurs vendeurs à enrôler de nouveaux représentants parmi leur clientèle satisfaite du produit. La majorité de ces personnes étant des membres de la famille ou des amis proches. Ils obtenaient ainsi la même possibilité de vente de produits et d'enrôlement de nouveaux vendeurs. La force de vente s'est ainsi développée de façon exponentielle. La Société les récompensait alors sur le chiffre d'affaire global de leur groupe ou réseau de vendeurs. Le marketing de réseau était né !

Alain Dufrêne dans sa publication en ligne datant de 2013,

précise que Tout a commencé en 1910, Avon qui se nommait «
The California Perfume Company », qui aidait déjà des milliers de
dames à augmenter considérablement le revenu familial, s'asso-
ciait avec neuf autres compagnies de ventes directes afin de s'unir
et de se soutenir mutuellement ainsi que leurs distributeurs en
fondant l'ACA « Agents Credit Association » qui deviendra plus
tard la DSA « Direct Selling Association ». Dans les années 1930,
Franklin D. Roosevelt, alors Président des États Unis, défend des
politiques avancées en matière de protection sociale et introduit
le salaire minimum. Ce qui a forcé les entreprises de vente directe
à réexaminer la façon dont ils rémunéraient leurs vendeurs. Pour
s'adapter à cette nouvelle norme sociale, des sociétés comme
Avon, The South western Company ont changés le titre de leurs
dizaines de milliers de vendeurs pour les nommés « Entrepreneurs Indépendants » ou « Distributeurs Indépendant » afin qu'ils
puissent rester dans le domaine, obtenir leurs commissions et
continuer à servir leurs clients. Dans les années 1940, c'est Nor-
man Squires, vendeur en porte-à-porte qui a introduit pour la
première fois le concept de présentation privée à la maison. Pour
se faire il a proposé à un de ses bons clients d'inviter 10 ou 12 de
ses amis à une soirée, pour qu'il puisse alors démontrer la gamme
de produits à tous les participants. Lorsque le concept a été décrit
à M. Beveridge, il a embrassé l'idée avec enthousiasme comme un
moyen de distinguer son entreprise des autres dans le domaine.
Le reste, comme on dit, appartient à l'histoire ! Dans les années
1950, l'industrie du marketing de réseau est en pleine ébulli-
tion. L'esprit d'entreprise prend le dessus et une multitude de
futurs géants sont nés. Des géants du marketing de réseau comme
Amway et Shaklee sont deux leaders de notre industrie qui sont
nés au cours de cette décennie. Leur succès a été, en grande partie,
possible grâce aux milliers de femmes au foyer qui étaient à la recherche d'occasions de gagner un revenu supplémentaire tout en
prenant soin de leur mari et de leur famille, après avoir été expul-
sées hors des usines une fois à la Seconde Guerre mondiale et à la
guerre de Corée terminées.

Quel que soit l'auteur, le marketing de réseau apparait pour fluidifier les échanges et les simplifier. Depuis sa conception, ce concept a longuement subit des actions néfastes dans sa progressions. Nous ne sommes pas au même niveau que lors de sa création certes, mais les challenges ont été conséquents, ceci en général lié à la mal compréhension par les individus de cette activité. Méconnue, mal comprise par des personnalités de tout bord, dans de nombreux pays, les formes et les activités dérivées de cette forme d'échanges ont contribué à salir l'image du marketing de réseau, qui mentionne et utilise la notion de croissance exponentielle. La global network marketing school mentionne des faits passés, mais qui semblent encore se reproduire de nos jours. Elle précise que la première dérive de cette notion de croissance exponentielle, permettant de générer des revenus intéressants, a été l'engouement pour les « chaînes de lettres » qui a balayé les Etats Unis après la première guerre mondiale. Ces lettres promettaient des gains importants si vous envoyiez 1 dollar ou 10 cents à la personne indiquée en haut de la liste mentionnée sur cette lettre. Ces chaînes se sont propagées en Europe et en 1930, la poste Américaine a estimé à 10 millions le nombre de lettres ainsi envoyées chaque jour. Les autorités postales et les services de répression des fraudes américains ont lutté contre cette pratique frauduleuse qui s'est fortement atténuée dans les années 1940. Malheureusement cette arnaque a engendré des systèmes, qui furent nommés « pyramidaux », dans lesquels l'argent était versé pour le simple fait d'enrôler quelqu'un dans ce système, car aucun produit réel ou sérieux n'était proposé par l'entreprise. En 1974, le sénateur Walter Mondale a déclaré que ces sociétés représentaient la première fraude à la consommation du pays. Les services de répression des fraudes n'ont pas tardé à « faire le ménage ». Dans le milieu des années 1970, sans compréhension claire de ce qui constituait une utilisation légitime du marketing de réseau, la Federal Trade Commission et les différents organismes d'État des Etats Unis, ont porté leur attention sur presque toutes les sociétés de marketing de réseau. En 1975, la FTC a intenté une poursuite contre Amway, alléguant que la société était une « pyramide illégale » et que son refus de vendre ses produits dans les magasins de détail constituait une entrave au commerce. Amway a passé quatre ans et dépensé des millions de dollars en frais juridiques pour réhabiliter son nom. En 1979, la FTC (Federal Trade Commission) a statué que Amway n'était pas une pyramide illégale, que ses revenus étaient bien générés par la vente de ses produits, et la FTC a reconnu le marketing de réseau comme un système légal et efficace de distribution. Mais cependant, dans la décennie qui a suivie, le marketing de réseau a explosé.

Dans sa distribution à travers le monde au travers des personnes, cette activité connait de nombreux soubresauts, de nombreuses attaques, qui affectent considérablement sa pertinence auprès de nombreuses populations antérieurement déjà sceptiques. Ceci affecte aussi les distributeurs indépendants, qui s'arment alors de découragement et quittent parfois le navire, ou alors fléchissent dans l'engagement. La nature des attaques n'est pas la même dans tous les pays, mais en général concernent les publications mensongères dans la presse papier et même télévisée, les guerres civiles auxquelles sont parfois confrontés les états, l'impact négatif apporté par certains concurrents et conduisant à des guerres froides liés à la concurrence, les récits négatifs dont les auteurs sont parfois anonymes et qui sont fortement relayés par les réseaux sociaux, l'émergence dans certains pays des activités éphémères qui s'apparentent parois au marketing de réseau, et qui dans leur répression par les autorités peuvent porter un coup fortement destructeur au marketing de réseau suite aux analogies erronées apportées par certains. Heureusement, de par sa conception, le network marketing a résisté, et aujourd'hui, les chiffres présentent une activité à la croissance suffisamment forte pour permettre d'affirmer que les lendemains ne peuvent être que meilleurs. Il s'agit d'une activité qui a déjà subie de nombreuses attaques, mais s'en est sortie toujours victorieuse. Pour cela, elle étonne, elle pousse à la réflexion, elle séduit aussi. Diverses avancées sont perceptibles, sur plusieurs plans. Mais comment fonctionne en réalité ce concept ? Qu'est-ce que le marketing de réseau ? Quelles en sont les notions apparentées ?

Attacher une définition unique au concept contribuerait à le borner certainement. Mais le comprendre dans son essence est un élément puissant pour cimenter, enraciner ou consolider les idées de tout un chacun sur le sujet. Le Network Marketing ou Marketing de réseau est tout d'abord une forme de commercialisation. Elle permet de faire parvenir un produit ou un service au consommateur, ceci sans intermédiaires et sans les coûts gigantesques de campagnes publicitaires, mais au travers d´un réseau de distributeurs indépendants. Il s'agit donc de vendre à travers un réseau de revendeurs, parfois appelés Ambassadeurs ou conseillers. Ceux-ci vendent à leur tour à leurs contacts proches ou lointains, avec la possibilité pour eux même de parrainer ou « recruter » d'autres vendeurs en échange d'une commission cumulative sur les ventes. Signalons-le, La démarche est suffisamment économe en coûts. Il s'agit des couts liés aux frais du personnel, à l'inexistence des boutiques ou infrastructures commerciales, une communication très limitée parfois quasi absente car assurée par les membres du réseau. Le Marketing de Réseau est souvent associé ou alors peut conduire au MLM (Multi Level Marketing), c'est-à-dire la Vente Multi-Niveaux (ou vente par paliers), qui est une forme très organisée de commercialisation. En effet, chaque vendeur est tenu de par le concept à « recruter » un nouveau ou des clients pour qu'il devienne vendeur à son tour, et ainsi de suite. Cette façon d'agir repose donc sur le concept d'effet de levier. Dans tous les deux systèmes de ventes, le recrutement de vendeurs / promoteurs est une des clés du MLM et du marketing de réseau. En effet le succès vient des personnes qui vont faire la promotion des produits auprès de leurs contacts via cet effet de levier. Observons la pratique. Un vendeur donné V, commercialise les biens ou les services, mais il « recrute » aussi un ou plusieurs vendeurs W. selon le principe, les ventes réalisées par les vendeurs W lui donnent droit à une rémunération supplémentaire, en général indexée sur le chiffre d'affaires des vendeurs W. ainsi, selon la nomenclature largement partagée, Les vendeurs W deviennent les filleuls de V, et naturellement le vendeur V leur parrain. Pour avancer, un vendeur W peut ou doit « recruter » un ou des vendeurs X. de ce fait, ces derniers deviennent les filleuls de W, et donc aussi de V. Le même processus de rémunération complémentaire se reproduit et s'applique de X vers W, et dans une certaine mesure de W vers V, ceci sur la base des ventes de X et ses filleuls, et ainsi de suite. C'est pourquoi le marketing de réseau est parfois assimilé par certains à la vente pyramidale. Ainsi, Pour récompenser ces distributeurs ou vendeurs, les Compagnies ou entreprises utilisent un Plan de Marketing á paliers multiples qui va les rémunérer non seulement sur leurs ventes personnelles mais également sur l'ensemble du chiffre d´affaire généré par leur organisation ou réseau. Ceci offre à cette activité une singularité toute unique : Le travail en équipe, pour des gains à la fois personnels et collectifs. Autrement dit, dans cette activité tout le monde travaille en symbiose, et par conséquent tout le monde gagne, même si ce n'est pas au même moment. Le marketing de réseau est ainsi considéré par certains comme un synonyme du MLM, Donc tout simplement une façon d'acheminer des produits en coupant des intermédiaires et en permettant d'avoir du marketing par recommandation, par référence, tout simplement. En réalité, lorsque vous achetez un produit, environ 80% du prix que vous payez sert à payer les intermédiaires(Le grossiste et parfois le détaillant, La publicité et le marketing, L'entreposeur). Mais En MLM, on enlève le plus d'intermédiaires possible. Il n'y a que le fabricant, le conseiller qui va vous proposer le produit et vous. Il n'y a pas de publicité faite par l'entreprise. Il s'agit d'une sorte de bouche à oreille rémunéré.

Expliquée de la sorte, cette activité parait complexe et réservée. Pourtant, chacun de nous la pratiquons, ou l'avons déjà pratiquée, quel que soit l'âge ou le sexe. Tenez par exemple. Vous arrivez dans une ville, ou alors vous êtes dans votre ville de résidence habituelle. Vous prenez connaissance par un collègue de travail d'un restaurant où vous êtes d'ailleurs l'invité. Votre ami vous rassure que cet enseigne fait de très bons plats. Confiant, Vous y allez, et vous commandez dégustez le plat que vous avez choisi. Vous êtes largement satisfaits, et vous remerciez votre collègue de vous avoir présenté un restaurant qui tranche avec le précédent que vous connaissiez, qui ne produisait pas de mets aussi bons. Le lendemain vous vous y rendez encore, et toujours satisfaits vous l'êtes. Vous en parlez avec vos autres collègues, qui se rendent aussi dans le même restaurant ? À cet instant, vous avez pratiqué le marketing de réseau. En modifiant le restaurant par un tout autre lieu, objet ou service, il est évident que nous avons déjà pratiqué ce concept, sans le savoir, en général pour enrichir « autrui ». Mais vous pouvez le faire de manière professionnelle et rémunérée. Expliquée de la sorte, l'activité parait alors simple et accessible.

Nous l'avons dit, la vente via le marketing de réseau se base sur un réseau d'ambassadeurs et d'ambassadrices, de vendeurs ou distributeurs, des résauteurs, qui utilisent leur réseau et le réseau de leur réseau pour parfois organiser des soirées démonstration. Ceci a pour objectif de présenter l'activité en elle-même selon les caractéristiques de l'entreprise. Des personnes viendront donc sous leur invitation écouter leur « déballage », et ils auront pour mission aussi certes de les éclairer, mais aussi de les convaincre sur la qualité du ou des produits, du plan de rémunération, et des nombreuses raisons pour lesquelles il faut se lancer dans le marketing de réseau. Ces personnes présentes sont des clients, donc des potentiels vendeurs. Le but est de vendre des produits ou services. S'ils en achètent au moins, ils intègrent l'activité, ceci selon les canons prévus par la compagnie en question. Ils ont donc exercé leur rôle de consommateur. En général, ce qui vous sera demandée c'est d'être client de la compagnie que vous recommandez pour toucher à vie des commissions sur toute votre descendance ou généalogie. Et d'ailleurs c'est bien logique car qui recommanderait honnêtement quelque chose qu'il n'a jamais testé ou dont il n'est pas client? Ainsi, en le faisant, ils deviennent par la même occasion des filleuls des vendeurs présentateurs. En effet, pour le distributeur, le Network Marketing est perçue comme une opportunité de gagner de l´argent supplémentaire et donc de réaliser des rêves personnels. Ceci passe par la construction de son propre réseau de distribution, sans limites numérique ou géographique. C'est pour cette raison que le Marketing de réseau attire suffisamment des personnes ambitieuses, dotées de nombreuses initiatives personnelles et même collectives, et aussi disposées à travailler pour atteindre leurs objectifs.

Dans sa forte capacité d'adaptation constructive, le Marketing de réseau connait une nouvelle forme de développement extrêmement efficace avec internet. En effet, Internet devient un moyen si non le moyen le plus efficace pour associer des personnes à des produits, des services et des personnes, ceci partout dans le Monde. Ceci offre donc à ce concept le caractère de global, car il permet qu'à partir de son domicile, un distributeur crée une organisation de ventes Internationale et qu'il perçoive naturellement des commissions sur les ventes effectuées par ses partenaires, ceci quel que soit le Pays où ils se trouvent. Cette catalyse déclenchée par l'internet provient du taux de pénétration de ce dernier dans différents pays. En effet, sur les près de 7,5 milliards d'individus à travers la planète, environ 3 milliards sont actifs sir les médias et réseaux sociaux, dont 2,8 sur mobile. Ces statistiques représentent du pain béni pour les vendeurs, mais aussi pour les entreprises. Ces dernières utilisent et amplifient le trafic sur leurs sites pour « se faire voir » par les internautes et valoriser leurs produits et autres, dans des tendances séductrices. Ils se passent ainsi de la publicité et deviennent leurs propres médias. Ainsi se développe l'inbound marketing ou marketing entrant, qui de manière simpliste comporte cinq étapes pour le moins ingénieuses : générer du trafic, donc attirer des internautes, transformer les internautes en visiteurs d'intérêt, transformer les visiteurs d'intérêts en contacts qualifiés, transformer les contacts qualifiés en clients potentiels au profil adéquat, transformer les clients potentiels en clients, transformer les clients en ambassadeurs. C'est un art, et cela s'apprend.

En réalité, le but, comme mentionné plus haut, consiste à simplifier les échanges, pour les rendre plus rapides et moins couteuses, en les globalisant. Rappelons le, le produit va du fabriquant ou producteur vers le client, directement, sans intermédiaire. De manière simple, on qualifie ce système de commercialisation de vente directe. Il y a activité de vente directe lorsqu'un vendeur et un acheteur sont mis en présence en dehors d'un lieu jugé commun à la commercialisation. Il s'agit ici des lieux connus comme les magasins, les agence commerciales, les marchés et bien d'autres. Il s'agit de cette transaction qui se déroule entre un producteur ou transformateur, donc la personne à l'origine de l'existence du produit ou de la transformation de celui-ci, et l'acheteur final, ceci sans intermédiaire. Il s'agit donc d'un Acte de vente effectué directement du producteur au consommateur ou utilisateur final, sans l'intervention des distributeurs. Autrement dit, La vente directe du producteur au client permet de supprimer les intermédiaires qui ont une part non négligeable dans le coût final du produit. Elle est donc caractérisée par la présence physique effective d'un consommateur et d'un vendeur hors d'un magasin. C'est une méthode de distribution jugée moins vulnérable à certains problèmes liés aux circuits de distribution traditionnels ou connus. C'est un des types de vente qui s'inscrit parmi les circuits courts. Au sens plus large, la vente directe désigne un mode de distribution par lequel c'est le fabricant qui assure lui-même l'activité de vente / distribution de ses produits auprès des consommateurs.

La vente directe constitue la 3e voie de distribution à côté de la vente en magasin et de la vente par correspondance et à distance. Elle a la particularité de ne pas être identifiée en tant que branche professionnelle cantonnée ou spécialisée à un unique secteur, mais de couvrir de nombreuses branches différentes. Au sein de la vente directe, La vente à domicile est la forme la plus répandue, qu'elle ait lieu en face à face ou en réunion. Le cas de la vente face à face ou face to face ou encore Person to Person se a lieu en général au domicile du consommateur, ceci soit sur rendez-vous soit de manière spontanée. Le cas de la vente spontanée ou de vente porte-à-porte a lieu lorsque le vendeur se présente au domicile du consommateur et lui propose une démonstration de manière spontanée. Pour la vente en réunion, la personne qui reçoit le conseiller invite quelques-unes de ses connaissances chez elle. Ainsi donc, Le démonstrateur vendeur a accès à un certain nombre de clients potentiels proposés par son hôte, auxquels il fait sa présentation dans une ambiance détendue, ce qui séduit aussi lesdits clients. Le nombre varie en moyenne entre cinq et dix personnes. C'est un mode de distribution aussi fortement répandu. Signalons le, quel que soit le mode, l'objectif n'a pas changé. Il reste le même, celui de vendre. Le vendeur fournit donc aux consommateurs un service de présentation et d'explication des produits, de l'offre commerciale, et passe le reste des formalités de vente, selon les choix des clients. Cette vente à domicile est exercée soit par des indépendants liés par un contrat de distribution avec l'entreprise, soit par des salariés liés par un contrat de travail avec l'entreprise. La majorité étant indépendants, leur rémunération se fait par la perception d'une commission sur le chiffre d'affaires réalisé, ou alors récupèrent une marge sur la vente des produits directement achetés à l'entreprise. Tous les intermédiaires des circuits de distribution se trouvent ainsi supprimés.

De nos jours, la vente directe s'est intensifiée avec l'émergence et la poussée fulgurante de l'internet. Dans un monde presqu'entièrement connecté, la vitesse des échanges a pris un coup d'accélérateur. Tout va plus vite. Les économies s'adaptent et se modernisent, la vente directe aussi. C'est l'ère du E-commerce. Les articles ou produits à vendre, des clients et les plateformes de paiement sont interconnectés. Les lieux de vente classiques qui n'existaient pas dans le cadre de la vente directe et qui avaient donné lieu aux rencontres de présentation et d'explication à domicile, cèdent progressivement la place aux plateformes numériques, virtuelles, où les rencontres multiples sont plus que « réalistes ». Avec cet outil si puissant, une entreprise ou des particuliers peuvent toucher un nombre assez important de personnes, ceci au même moment. Mais que e soit en présentiel ou de manière virtuelle, les échanges répondent au schéma vendeur-client, sur un niveau.

De nombreuses entreprises de vente directe ont modernisé ce schéma de vente simpliste, pour le rendre plus productif, plus pérrin, et toujours grandissant. Ils ont donc adossé ce schéma sur un système de construction des équipes de vente, en poussant les échanges vendeur-client sur plusieurs niveaux. Le système qui correspond à cette description aux vertus positives est le marketing de réseau.

Il ne s'agit pas d'un concept fermé ou réservé à une élite, ou alors d'une classe scientifique ou une école dont l'entrée est soumise à une forte sélection par voie de concours. C'est un système de vente ouvert, simplifié par les promoteurs au fil du temps, et adopté par les distributeurs au quotidien. En tant que activité libérale tournée vers l'avenir, dotée de valeurs et procédés séduisants et facilement réalisables, des personnes se demanderaient pourquoi l'adopter, non seulement comme moyen de distribution, mais aussi comme activité génératrice de revenus. Ce questionnement est légitime, d'autant plus que dans de nombreuses régions à travers le monde, l'arrivé de ce système apparait nouveau et donc incompris. Voici énumérées quelques raisons pour lesquelles il faut se lancer irréductiblement et sans hésitations dans le marketing de réseau.

II.   30 RAISONS POUR SE LANCER DANS LE MARKETING DE RESEAU

1. AVOIR DES REVENUS PASSIFS, VARIER LES SOURCES DE REVENU

Nous sommes nombreux à avoir un emploi rémunéré, pour la plupart mensuellement. Mais presque tous les travailleurs expriment leur étouffement au travail, le manque de temps pour soi, le stress, les ordres, pour un salaire qui n'est pas toujours suffisant, une fois les charges payées et réglées. Nous nous plaignons pour la plupart, nous en voulons à notre entreprise ou notre employeur, nous ne sommes pas satisfaits. Nous en voulons plus, nous voulons que le salaire augmente. Mais dans la plupart des cas, cela reste au niveau de la volonté. Alors nous vient à l'idée de pas ou de ne plus désormais nous contenter de notre salaire lié à notre emploi, mais de trouver une autre source de revenue. Il en est de même pour ceux qui bien que étant travailleurs, le font à temps partiel. Mais dans cette quête de compléments de revenus, nous nous heurtons à des difficultés liées au financement, au capital, au type de projet que l'on a en tête, à la longueur des procédures, à la concurrence, et bien d'autres facteurs qui augmentent le stress et découragent. Parfois, il nous vient à l'idée de travailler pour un tiers, une compagnie ou une autre boite. Mais une fois revenu à la réalité, les conditions nous découragent aussi. Nous voilà à un carrefour où l'indétermination et l'indécision est notre voisin. Que faire ? Nous voulons un complément de revenu dans la pratique d'une activité à temps partiel, avec un mode relaxe. La meilleure activité que l'on peut exercer dans ce contexte est le marketing de réseau. En réalité, il ne vous exige aucune obligation liée à l'emploi de temps, à la présence dans un bureau, sous des ordres des patrons, avec une incapacité de financement, loin des procédures parfois longues et pesantes. Vous êtes donc loin du stress, et vous avez la possibilité de vous lancer, comme nous l'avons vu, selon le plan qui vous intéresse. En pratiquant le marketing de réseau, nous avons la possibilité de nous faire des compléments de revenu chaque semaine, chaque mois, selon notre engagement et notre volonté de gagner et selon le plan de l'entreprise avec laquelle nous travaillons. Nous voici donc détenteurs d'une activité qui nous rend libres, et qui nous permet d'augmenter nos revenus. Il est clair qu'un peu plus d'argent n'a jamais fait du mal à personne. Le marketing de réseau nous donne donc cette fenêtre-là, qui nous autorise à conserver notre boulot et à travailler normalement, mais à associer à notre emploi de temps une activité parallèle et à temps partiel. Avoir 100 euros, 200 euros ou plus par mois au-dessus de notre salaire est bien possible avec le marketing de réseau. Pour cette flexibilité et cette aisance dans les activités, et pour cette possibilité de gagner parfois des sommes intéressantes en plus de notre salaire, faut-il faire le marketing de réseau ? Sans hésitation, la réponse est oui !!! La question peut être aussi posée à ceux-là qui n'ont pas de boulot, les sans-emplois, les chômeurs. Si la réponse est oui pour les travailleurs, elle l'est d'autant plus pour les sans-emplois, et les sans emplois fixes. En réalité, la justification se trouve plus haut. Faut-il le rappeler, il est bien possible gagner sa vie en pratiquant le mlm, et rien que mlm, et curieusement, de s'en sortir mieux et beaucoup plus mieux que ceux-là qui sont employés dans une entreprise ou pour le gouvernement.

2. PRENDRE UNE « RETRAITE ANTICIPÉE »

Il n'existe pas de limite d'âge pour démarrer une activité de marketing de réseau. Que ce soit à vos 60 ans ou plus, dans la quarantaine, ou à 25 ans, vous pouvez commencer. Dans le système classique des emplois connus, la retraite se situe vers 60 ou 65 ans selon les emplois, quel que soit l'âge avec lequel vous commencez. Vous travaillez donc tout au long de votre vie, avec un salaire quasi inchangé, sauf relativement légèrement lorsque vous bénéficiez de quelques promotions ou avancements. C'est une fois, selon les organismes, que vous êtes physiquement et parfois psychologiquement fatigués que vous prenez votre retraite, après un travail acharné toute la vie. Le marketing de réseau vient apporter une nuance innovatrice, et bénéfique. Certains ont la chance de découvrir de telles opportunités dans leur jeunesse. D'autres un peu plus tard. C'est normal, il s'agit d'une opportunité. Mais il existe une constante, c'est le travail. Travailler est indispensable pour réussir dans le marketing de réseau. Sans le travail, pas de commissions, pas de gains. Votre réussite ne représente alors que le fruit de votre travail. Vous ne gagnerez pas d'argent dans ce système très rapidement sans travail. Vous devez bâtir, construire, former, vendre. Vous découvrez ces opportunités par une personne, et vous la faites avec elle ou pas, mais vous la faites pour vous. Tout ce que vous gagnerez ne sera que le reflet de votre engagement et de votre détermination dans le travail. Certains pensent que le marketing de réseau est une machine de fabrication des sous. Que non ! Nous sommes d'avis en général qu'il faut travailler très dur pour réussir, lorsqu'il s'agit de vendre ses services à autrui, travailler pour un tiers et l'enrichir. Mais une fois que nous entendons parler du marketing de réseau, on veut éviter le travail. Mais bien au contraire, il faudra travailler, et bien, et en permanence. Il est donc clair que dans le domaine des emplois classiques comme dans le cas des opportunités de marketing de réseau, il faut travailler pour gagner. Mais pendant combien de temps pour le dernier ?

En effet, la retraite dans les activités classiques donne droit au retraité à une pension, après avoir en général travaillé jusqu'à la soixantaine en moyenne. Dans le marketing de réseau, il est possible de travailler de manière acharnée pendant 5, 6 ou 7 ans en moyenne, parfois plus, et « prendre sa retraite ». Cette « retraite » prend une coloration variable selon les individus. Certains ne cessent pas de travailler, à cause du caractère passionnant de l'activité. D'autres par contre s'éloignent relativement ce cela, soit pour se reposer, soit pour réaliser leurs rêves les plus fous, soit pour se consacrer à d'autres activités, toutes financées par les commissions sans cesse grandissantes qui sont alors produites. Dans les activités classiques, la pension de retraite est toujours inférieure au salaire perçu en activité. Dans le marketing de réseau, pour des résauteurs sérieux, c'est l'inverse. Cela semble bizarre. Mais en réalité, c'est bien le cas. Comprendre cela est très facile. En effet, pendant les années de travail acharné, vous vous consacrez à bâtir une ou des équipes de vente, qui grandissent et atteignent le grand nombre. Plus vous travaillez, les résultats que vous avez se manifestent par le nombre de vos partenaires, donc des produits vendus, et par conséquent des commissions selon les plans. Chaque partenaire présent dans votre réseau travaille à son propre compte, pour lui, mais parfois avec les autres. Voilà donc un système que vous bâtissez, dans lequel chacun cherche à réussir, laquelle quête vous profite. Ainsi, avec un grand nombre de personnes qui le font, votre absence n'affecte plus la bonne marche du réseau, et donc la fréquence des ventes. Certains le feront mieux que vous, et cela vous reste profitable. Etant donc détenteur d'un tel réseau, vous pouvez, soit rester dans l'activité, soit prendre votre retraite. Dans le dernier cas, vos commissions seront toujours produites, ceci lié à l'engagement de ceux-là qui y sont, et qui structurent votre réseau de vente. Mais toujours est-il conseillé d'y garder une présence quasi permanente afin d'apporter votre assistance et votre expérience à ceux qui veulent, comme vous, bâtir leur part de réseau de vente. Voilà une activité qui par sa conception et ses mécanismes, crée et ressoude de façon sincère les liens et les relations sociales entre individus

3. TRANSCENDER LES IDÉES REÇUES

D e manière innée ou reflexe, lorsque s'installe la volonté de se lancer dans une activité, le doute et la peur s'installent. Une fois que l'on a découvert l'opportunité qu'est le marketing de réseau, on a peur, on frissonne, on pense à tout. On se lance dans les recherches, on demande conseil ci et là, on passe à des vérifications. Dans cette quête de la vérité par tous les moyens, il apparait parfois que vous tombiez sur des affirmations parfois plus ou moins fantasmagoriques, qui relèvent d'une fertilité d'inspiration en général de ceux qui ont offert une mauvaise image à cette activité, soit par mauvaise expérience, soit par incapacité. L'âge et le niveau scolaire n'en constituent pas des facteurs qui peuvent aider à comprendre ce système. Trop d'affirmations sont avancées, trop de fausses nouvelles sont propagées, trop de fausses croyances sont développées. Cependant, l'individu qui nourrit la volonté de se lancer se trouve coincé entre les affirmations de rue couplées aux cultes malsains de l'imposture verbale, et l'expression véritable de marketing de réseau, qui ne se trouve pas à tous les coins de rue. Dans ce livre, le professionnalisme y est, vous y verrez plus clair.

Le marketing de réseau est une activité, un système de vente. Il apparait parfois comme nouveau dans les pays africains et est donc mal connu. Leur présentation étant adossée sur des promesses et des simulations de gains souvent très élevés, certains individus trouvent bon de n'y accorder aucun crédit. Un système qui ne ressemble pas à ceux connus depuis plus de cinquante ans mais qui présente de tels potentiels ne peut que friser le mensonge et l'ignorance de la part des promoteurs et des membres présentateurs. L'entourage individuel qui confère une assurance de pauvreté Trans générationnelle ne peut en aucun cas être favorable à un tel business. Par ailleurs, les couts sont parfois élevés, et certains se considèrent impuissants quant à leur aptitude à adhérer. Beaucoup ne croient pas du tout. Mais est-ce à tort ? Sont-ils victimes de leur raisonnement borné, ou alors n'ont-ils pas suffisamment d'informations à propos de nouveaux systèmes émergents ? Dans ce contexte ne peut-on pas être sujet à de nombreux discours qui paralysent et inhibent la volonté propre à agir et investir ? Les idées reçues tout autour de tout un chacun contribuent à fragiliser la vision d'avenir développée par certains individus et préconisées par le marketing de réseau. Quant à ces idées reçues, elles sont à la fois nombreuses et variées, certaines étant devenues populaires.

En effet, les conceptions ignorantes sur le marketing de réseau sont un frein au développement de ce système dans de nombreux environnements. Les pensées développées témoignent parfois d'une fertilité argumentative très élevée, liée à la méconnaissance de ce système. Certains pensent alors que :

◆ ***Il faut avoir beaucoup de Temps Libre pour faire du Marketing de Réseau***

Lorsque les opportunités de marketing de réseau sont présentées à certains individus, ils affirment ne pas avoir du temps pour exercer une telle activité. Cela demande trop de temps, je vais laisser mon travail pour me consacrer à ceci, je ne peux pas. Mais c'est faux. Les professionnels de ce système affirment qu'ils travaillent chaque jour, chaque heure, à tout moment, et partout. Certains diront qu'ils ne travaillent jamais. D'autres encore diront que bien qu'ils travaillent, ils n'ont pas l'impression de travailler. En effet, il s'agit d'une activité très flexible, très libre, et qui ne nécessite pas obligatoirement un bureau, avec des charges administratives. Le marketing de réseau se fait en complément des autres activités que nous menons, qu'elles soient sportives, artistiques, ou de quelque profession donnée. Elle trouve sa beauté aussi dans le fait qu'elle n'y impose pas cette contrainte temporelle de temps de travail et de temps au travail. Tous les milieux conviennent au marketing de réseau : à la plage, dans le métro, dans le taxi, au bureau, au café, à l'école, en vacances, dans l'avion, à la maison, au mariage, en salle de gym, dans la rue, et ailleurs. Le temps qu'on y consacre dépend de l'engagement et de la nécessité de gagner, du montant à gagner, et de la période. Vous n'avez donc pas besoin de penser comme ceux qui trouvent qu'il faut trop de temps libre pour faire cette activité. Prenez votre décision de vous lancer, et considérez alors ce nouveau business comme votre activité parallèle.

◆ *Il faut dépenser beaucoup d'argent pour faire du Marketing de Réseau*

Les systèmes de marketing de réseau sont très divers. Mais dans la plupart des cas, il faut acheter un ou des produits, avant toute chose. Dans certains cas, l'achat répété des produits donne droit à des récompenses sur la réduction des couts, ou sur le don des produits. Plus vous consommerez les produits de la marque, plus la marque vous récompensera. L'achet de ces produits n'est en général pas conditionné par la quantité, ni par la nature. Tout le monde peut commencer, avec le minimum. Les investissements de départ ne sont pas fixés dans tous les cas à un minimum obligatoire élevé. Vous achetez les produits de consommation courante de votre salle de bain, les produits bien être pour votre famille à prix d'usine si et seulement si vous en avez besoin, rien d'obligatoire. Par conséquent, vous pouvez commencer avec vos produits, pas de mallette de présentation obligatoire. Le système admet la vente directe, avec association de la promotion des produits. Vous avez acheté à votre bourse, vous êtes livrés dans un délai raisonnable, donc pas de stockage nécessaire. Vous commencez alors à faire la promotion, pour la vente, fin de construire votre réseau, selon le plan proposé par la compagnie ou la marque. Vous suivez ainsi le principe de fidélité, selon lequel plus vous ferez connaître les produits de la marque, plus la marque vous récompensera également.

Cependant, certains individus considèrent que les produits à acquérir pour le départ sont trop chers, trop couteux, et pas à leurs bourses. En effet, certaines entreprises de marketing de réseau qui ont un encrage international ne commercialisent que des produits jugés indispensables quelque soient les religions, les cultures, les modes de vies. Il s'agit alors des produits à usage universel, tous certifiés, et en accord avec l'évolution temporelle. Ils sont donc d luxe, ou de très haute technologie. Certains sont méconnus, et leur valeur un peu élevée prête à confusion. Beaucoup estiment que les produits ou les servies à acheter ne sont pas à la hauteur de leur prix. D'autres dans leur ignorance estiment qu'il faudra en acheter régulièrement. Mais c'est faux. L'investissement n'est pas régulier, et pour certaines compagnies qui l'on bien pensé, le plan n'admet qu'un seul investissement à vie. Encore qu'il ne s'agit pas dans tous les cas d'un investissement au sens strict du terme. L'idéal serait donc de chercher une entreprise qui vous propose un bon plan, et investissez selon le minimum requis, en suivant votre vision et vos ambitions dans le business.

◆ *Il faut connaître beaucoup de monde pour faire du Marketing de Réseau*

C'est l'une des idées les plus répandues dans la société. De nombreuses personnes pensent ainsi. Mais cette affirmation n'est que le fruit de leur imagination, une déduction illogique qui découle logiquement de l'ignorance. Es ce vrai que l'on a besoin de connaitre beaucoup de monde pour faire le marketing de réseau ? Non ! C'est faux. Au contraire, cette activité est faite pour vous qui ne connaissez pas beaucoup de monde. Les relations interpersonnelles dans le grand public nous aident au quotidien. Dans le cas du marketing de réseau, comme son nom l'indique, on construit un réseau, qui est un réseau de vente, constitué d'hommes. L'univers du marketing de réseau n'exige pas d'être très populaire. Le concept est simple. Selon les plans, vous avez besoin de vous faire suivre ou de référer une, deux, trois ou quatre personnes. Vous les connaissez en règle générale. Eux aussi devront faire pareil. Si vous avez pour objectif de bâtir un réseau de vente constitué de plusieurs milliers d'individus, votre pensée première serai tournée vers le questionnement sur le comment faire pour avoir autant de personnes, surtout si vous êtes très peu ou alors pas du tout populaire. Vous êtes inconnu, habitant d'un quartier inconnu, faisant partie d'une famille très étroite, et vous vous dites que vous ne connaissez pas autant de monde, et donc que cette activité n'est pas faite pour vous. Mais c'est ignorer le concept du marketing de réseau. Vous connaissez certainement deux, trois ou quatre personnes, qui eux aussi chacun connaissent un, deux ou trois personnes et plus, et ainsi de suite, de connaissances en connaissances, jusqu'à des milliers de personnes. Il faut donc comprendre que le plus important n'est pas le nombre de vos connaissances, mais la qualité de vos connaissances, et des connaissances de vos connaissances. C'est donc possible pour tout le monde de faire le marketing de réseau.

◆ *Il s'agit d'une nouvelle technique d'arnaque*

Simplement, une arnaque est connue ou assimilée à un vol, une escroquerie, une tromperie ; arnaquer serait donc de promettre sans réaliser, vendre sans livrer, proposer ce qui n'existe pas réellement, utiliser des faux noms ou des fausses identités, manœuvrer pour tromper, afin de causer des causer des dommages ou des préjudices à des tiers, ceci de manière consciente et en général planifiée. Dans la conscience commune, le marketing de réseau est considéré comme un système d'arnaque. Mais est-ce vrai ? bien sûr que non ! Mais penser comme c'est compréhensible, à première vue. Mais il faut rapidement dépasser cet alibi, et qui est trop facile à évoquer. Affirmer que le marketing de réseau constitue une secte est une chose certes, mais le prouver en est une autre. Comment lier la définition ci-dessus écrite à la pratique du marketing de réseau ? C'est une manœuvre difficile, à l'aboutissement incertain, si l'on reste vrai. En réalité, dans ce système, on vous propose un gain contre un travail ou un service, comme partout ailleurs. Il faut vendre pour gagner, et ceci n'est pas discutable. Bâtir un réseau, c'est vendre. Dans toute entreprise, le développement est lié au personnel recruté. C'est le cas dans le marketing de réseau. Il faut des personnes à fort potentiel pour entretenir et étendre son réseau. Dans cette activité nova-trice, les gains sont proportionnels au réseau bâti. Plus il est grand, plus vous gagnez, mais pas vous seul. Vous et les personnes recrutées avez la possibilité de gagner dans ce contexte. L'inverse est aussi vrai. En comprenant mieux le système de marketing de réseau, on se détache très vite de cet argument d'arnaque très sou-vent avancé. Il n'en est rien. Des professionnels affirment que c'est le système ou alors l'activité qui permet de gagner un argent très pur. Les commissions obtenues ne sont que celles qui repré-sentent le fruit des efforts fournis. Cependant, et il faut le signa-ler, le système en lui-même n'est guère négatif. C'est sans compter la présence ou l'existence des personnes mal intentionnées, qui, loin de toute pratique véritable du marketing de réseau, se lancent dans des activités qui s'éloignent de l'éthique profession-nelle dans ce secteur. Le marketing de réseau n'est pas une ar-naque, mais il existe des arnaqueurs qui se cachent derrière ce nom, pour te ternir. Il faut donc être très vigilent et averti, au mo-ment de se lancer. Par ailleurs, les arnaques sont très rares car les systèmes mis sur pieds par les entreprises ont limité et verrouillé les possibilités d'arnaque. C'est plutôt une activité qui permet de gagner très honnêtement sa vie.

◆ *C'est un système pyramidal, illégal, et il est malsain de vendre à ses proches*

Plusieurs ignorent le concept de système pyramidal. C'est pour cette raison qu'ils vont faire cette énorme confusion entre marketing de réseau et système pyramidal ; il n'en est rien. Les deux systèmes sont purement différents dans leur conception. La confusion est très grande, et elle déroute plusieurs qui veulent s'engager dans le marketing de réseau.

En effet, le système pyramidal est avant tout illégal, car ne re-présente qu'une forme d'escroquerie. Dans ce système, il n'existe pas de produits, donc aucune vente. Les profits ne sont donc pas générés par les ventes comme dans le cas du marketing de réseau, mais exclusivement par les recrutements de nouveaux membres. Vous intégrez le système juste par placement d'argent, les gains pour vous étant générés par les placements des membres arrivés après vous. Les techniques de recrutement eux aussi restant frauduleux, basés en général sur le mensonge : soit on vous promet la vente d'un article ou d'un produit virtuel, futur, ou inexistant ; soit on vous promet de vous vendre un produit et vous recevez un autre ; soit la promesse de vente d'un produit est faite à l'avance, mais vous ne recevez rien du tout. Dès le début, vous êtes victime d'arnaque. Mais pour gagner, vous devez recruter des membres sur la base de ce même mensonge. Dans un tel système donc, les premiers arrivants, qui ont en général les initiateurs du système, se font plein les poches. Tout dépend du système mis en place. Tout semble au début très clair, et très normal. Les promesses sont alléchantes, les gains visibles, et l'escroquerie tarde souvent à apparaitre. Plus il y a des adhérents, mieux c'est, car les anciens recevront leurs gains, sans soucis. S'il arrive que les nouveaux adhérents soient en quantité insuffisante pour générer par leur placement autant d'argent pour désintéresser les anciens, alors le système s'arrête. Vous intégrez sans rien acheter, et vous vendez la même promesse aux autres, pour pouvoir gagner. En conséquence, il devient illégal, car basé sur l'escroquerie et le mensonge. Il est donc interdit dans plusieurs pays. Dans la plupart des cas, il est impossible pour vous de gagner plus que celui qui est là avant vous. La base étant toujours plus fructueuse que le sommet. Ce qui n'est pas toujours le cas dans le marketing de réseau, qui, comme nous le verrons, donne la possibilité aux nouveaux de gagner plus que les anciens, et l'adhésion se faisant par achat de produits physiques, connus et utilisables. La différence entre les systèmes est donc claire, et couronnée par le caractère légal du marketing de réseau, autorisé par de nombreux pays, et reconnu comme activité à part entière sous d'autres cieux. Ce système novateur a donné place à la création des fédérations à travers le monde, lesquelles regroupent de nombreuses entreprises qui ont toutes en commun la pratique de ce merveilleux système. Il est merveilleux dans sa conception, sans sa pratique, et dans la qualité des gains. Certains affirmeront qu'il est malsain de vendre des produits à ses proches.

En effet, ce caractère malsain serait justifié s'il s'agissait de vendre des illusions à ses proches, donc dans le cas du système pyramidal. En ce qui concerne le marketing de réseau, c'est bien le contraire. C'est très bien de vendre à ses proches dans ce cas particulier. Mais pourquoi ? En réalité, nombreux sont ceux qui estiment que le marketing de réseau est limité à l'achat des produits. Certes il faut acheter un produit, mais il existe aussi une opportunité conférée par l'achat des produits, celle de se faire des gains. Mais s'il existe une manière de se faire de l'argent qui soit régie par des lois et pratiquée depuis des décennies partout dans le monde, à qui la proposer, si ce n'est à ses proches ? Si non ce serait dire qu'il est malsain de découvrir une mine d'or et de la proposer à ses proches ? Que non. C'est très sain et très normal. Ce qui serait malsain serait le fait de tomber sur une mine d'or et da la proposer à des inconnus, ou des tiers, car, en général, les opportunités de marketing de réseau sont des mines d'or.

◆ *Je ne suis pas un bon commercial et j'ai honte de me lancer dans le marketing de réseau, car ça change les gens.*

Quand il s'agit du marketing de réseau l'on a honte. C'est considérer cette activité comme dégradante, ou de basse échelle. Mais ce n'est pas le cas. C'est une activité d'humilité qui doit être conseillée. Pourquoi avoir honte ? Vous estimez certainement que c'est une activité pas très claire, pas très juste. Vous préjugez le marketing de réseau avant même de vous être lancés. En plus, vous vous attardez sur les préjugés, la manière dont les autres voient cette activité, et donc le regard qu'ils poseront sur vous. Vous ne voulez pas être reconnu comme arnaqueur car vous-même pensez que c'est une arnaque. Cessez de penser ainsi. Dépassez ces préjugés et concentrez-vous sur votre activité. Lancez-vous si vous ne l'avez pas encore fait. Dites-vous qu'il n'y a aucun mal à faire la promotion des produits surtout s'ils sont intéressants. A quoi mal se faire des revenus à travers la promotion des bons produits ? Faites-le avec fierté, et prouvez à vos proches que non seulement vous êtes dignes de confiance, mais aussi qu'il s'agit d'une activité assez sérieuse et propre. C'est une activité commerciale et de service. Mais il ne faut pas toujours croire qu'il faut être un très bon commercial pour le faire. En réalité, tout le monde est avant tout un commercial. Tout individu a déjà échangé un produit ou un service contre un autre, ou pour de l'argent. Seulement ici il est fait de façon plus professionnelle. Ya-t-il un mal à être un commercial ? Faut-il être un bon commercial pour vous lancer dans le marketing de réseau ? La réponse est non. Si vous n'avez aucune aptitude dans ce sens, cette activité développera cela en vous. Et cette aptitude ainsi acquise vous aidera dans tous les domaines de votre vie. Grace donc au marketing de réseau, vous avez la possibilité de devenir une meilleure personne, plus avisée, plus courageuse, qui sait mieux se tenir et évoluer en société, qui croit mieux et plus fort en ses projets, qui voit la société différemment. Certains diront autour de vous que vous avez changé, d'autres diront qu'ils ne vous reconnaissent plus, d'autres diront encore que cette activité que vous avez commencé là est mauvaise, au vu de votre changement. Mais ont-ils tort de dire ça ou de penser ainsi ? Non. En effet, ce métier s'accompagne d'un développement personnel assez remarquable. Les gens qui le pratiquent sont obligés de faire un gros travail sur eux. La démarche entrepreneuriale l'exigeant, cette activité se faisant avec les hommes, certains seront amenés à évacuer de leur vie les personnes nocives et négatives, car comme nous l'avons vu, il faut bien s'entourer. Des personnes de votre entourage peuvent être un frein à votre épanouissement entrepreneurial. Ainsi donc, si proches qu'elles soient, vous devez vous séparer d'eux, c'est impératif.

◆ *Si c'était vrai ça se saurait, ce n'est pas un travail d'avenir car ne permet pas vraiment de gagner sa vie*

Les préjugés sont nombreux, et leur expression va de toutes les tendances. La plupart des individus sont habitués aux formes de marketing traditionnel, basés sur la promotion des produits à travers les publicités par voie de radio, télévision, panneaux et affiches, le web et bien d'autres. C'est de cette manière que les nouvelles compagnies se font connaitre, leurs produits aussi. Ils envahissent toutes sortes de médias, afin de toucher le maximum de personnes, qui sont de potentiels clients. Dans ce cas, tout se sait sur les compagnies et leurs produits. Il n'en est pas le cas pour les entreprises qui font des ventes adossées sur le marketing de réseau. Les publicités médiatiques sont quasi effacées et supprimées du processus. Si les gens affirment ne pas être au courant, c'est bien avec raison. C'est le principe même du marketing de réseau. Nous développerons cela dans la suite. C'est sans doute cette forme de pensée qui pousse certains à se dire qu'il n'y a pas d'avenir dans cette activité. Cette affirmation est fausse. Il est vrai, c'est légitime de croire que quiqu'onque peut se faire un avenir avec une activité méconnue. Certes cela est vrai, justement lorsque l'on pense sans sortir des sentiers battus. Il faut bien pouvoir dépasser cette vision commune du commerce, et transcender les points de vue avancés par ceux-là qui sont allergiques à l'innovation. Le marketing de réseau est bien une activité qui nourrit son homme, qui permet de gagner sa vie, et donc sur laquelle on peut bâtir son avenir. En réalité, pour pouvoir y gagner de l'argent, il frapper à la bonne porte, rencontrer la bonne personne. L'erreur est commise lorsque l'on pense que cette activité permet de gagner très rapidement de l'argent, et être donc millionnaire du jour au lendemain. Il n'en est rien. C'est avec la construction, la persévérance, l'abnégation, la positivité, et un engagement constant qu'il est possible de construire un système producteur. Ces attitudes sont incontournables. Devenir riche dans le marketing de réseau demande de l'endurance, et donc du temps. Une fois lancés, ne vous arrêtez pas, n'admettez jamais une pause ou une interruption, ne prêtez pas attention aux critiques, construisez dans la patience et l'éthique, et c'est alors que vous aurez du succès.

Tous ces préjugés ne peuvent avoir qu'un effet inhibiteur sur notre volonté de faire du marketing de réseau. Loin de toute vérité ou de toute idée vraie sur ce concept, beaucoup abandonnent sans avoir commencé. Pas du fait de n'être pas capables de faire une telle activité, mais par peur ou par mauvaise compréhension. Si vous comprenez mal le concept, si vous le comprenez en l'envers, ou alors si vous n'avez rien compris, alors il vous sera difficile de vous engager. Le contraire serait stupide de votre part, à savoir de vous engager dans une activité dont vous n'avez la moindre compréhension. Alors soyez attentifs et posez des questions, toutes vos questions, qu'elles soient sensées ou non. La plupart des personnes à qui sont présentées les opportunités de marketing de réseau n'en ont jamais entendu parler. Alors il est parfois difficile pour eux de s'y lancer immédiatement. Mais pour ceux ayant un esprit entrepreneurial ouvert, c'est facile. Plusieurs sont ceux qui après avoir été présenté, considèrent cela comme illogique, au vu des simulations et de la vision avancée, qui sort du cadre des activités communes avec des systèmes de rémunération généralement connus. Le marketing de réseau vient avec d'autres plans, qui sont aussi particuliers que l'activité en elle-même. De grosses sommes d'argent sont brandies, sur une échelle de temps qui elle n'est pas aussi grande ou longue. Les questions qui apparaissent sont en général liées à la mécompréhension de la possibilité de gagner aussi beaucoup pendant un temps aussi court. Mais en réalité, d'après le principe, cela est bel et bien possible. Cette dernière phrase est vraie pour les pratiquants du marketing de réseau, mais pas simple à avaler pour celui-là qui vient de découvrir. Dans cette situation où la raison a disparue, l'activité se trouve peinte en noir. Cette vision catastrophiste de ce concept aussi novateur pousse certains à demander conseil. En effet, une fois que l'opportunité de marketing de réseau vous est présentée, vous demandez conseil soit au premier venu, soit au chauffeur de taxi ? Soit au voisin ? À votre conjoint(e), bref à n'importe qui. Les conseils ou les réponses que vous obtiendrez seront en général tournés vers le négatif. Des personnes vous conseilleront mal, soit parce qu'elles ont des expériences passées négatives avec cette activité ou une autre activité similaire, soit parce qu'elles n'en savent rien du tout, soit encore du fait qu'elles aient déjà été présentées mais ont mal compris ou n'ont rien compris du tout. Il peut arriver que vous recevez de mauvais conseils ou alors un découragement de la part des personnes qui ont déjà été présentées, ont bien compris l'activité, savent donc que les gains présentés sont accessibles à tous, mais qui ont été incapables de la démarrer et qui ont peur de vous voir réussir, ou alors ne veulent tout simplement pas votre réussite. Ces derniers cas se rangent dans la catégorie des jaloux, des envieux, des paresseux, des commentateurs de la vie d'autrui, qui n'ont pour seul boulot que des conseils de découragement et le commérage. Ces personnes ne veulent pas votre bien. Ce sont les voleurs de rêves, ne leur demandez pas conseil. Comme il est difficile de les identifier de manière distincte, ne demandez conseil à personne, si ce n'est à la personne par qui vous découvrez cette activité, car c'est en général la seule que vous connaissez qui l'exerce, et dont la parole peut être prise pour argent comptant. Croyez en cette personne, et suivez-la.

4. CHANGER DE PARADIGME

Tout individu est le résultat d'une évolution. Nous le sommes tous. Nous naissons dans des communautés, dans des clans, dans des groupes sociaux, qui par les faits généraux du quotidien impriment en nous des idées, des pensées, des gestes, des croyances, qui parfois se muent en cultures, de manière « héréditaire » et « indélébile ». Nous avons tous développé au cours du temps et de l'espace, des paradigmes qui sont propres à nos origines et à notre environnement. Ils peuvent revêtir un caractère positif ou négatif. Nous considérons alors que si le changement est à opter, c'est pour le second cas.

En effet, le paradigme représente des manières de voir le monde, des façons de penser, des croyances jugées universelles pourtant ne dépassant pas notre cadre, et bien d'autres. C'est une croyance que l'on prend pour la vérité, au point qu'elle surdétermine notre façon de penser. Sociologiquement, c'est l'ensemble des expériences, des croyances et des valeurs qui conditionnent la façon dont un individu perçoit la réalité et réagit face à ce qu'il perçoit. La définition et le concept s'étend dans divers domaines, de la philosophie à la science, en passant par la métaphysique ou la culture. Nous nous limiterons au côté développement et activité.

Dans de nombreuses communautés, les paradigmes sont adoptés et imposés, le non-respect étant parfois fortement réprimé. Le paradigme apparait alors comme un « modèle » à suivre, une croyance à ne pas dépasser ou remettre en cause, une vision développée par la majorité. C'est ce que l'on montre à titre d'exemple, ce à quoi on se réfère comme à ce qui exemplifie une règle et peut donc servir de modèle. Les exemples sont légion. Dans votre communauté, l'école est jugée mauvaise ; il faut faire l'agriculture et l'élevage ; la richesse n'est pas concevable, car personne n'a jamais été riche ; il ne faut pas trop chercher l'argent, car l'argent n'est pas bien ; etc. Ceci est parfois observable au niveau des familles, qui estiment pour certains que depuis que le monde est monde, personne n'a jamais fait tel ou telle chose, n'a jamais atteint un certain niveau, n'a jamais été riche, ne peut espérer à ci ou à ça ! Le développement de ces paradigmes négatifs a des répercutions mentales parfois destructrices pour les individus qui auraient pu faire mieux. Dans de nombreuses sociétés, en général africaines, dans lesquelles l'échec a été normalisé et devenu paradigme général, croire au succès par exemple relève du rêve, de l'utopie, et parfois de la folie. Dans ce contexte ténébreux, le succès appartient aux autres, il n'est visible nulle part, et il ne faut même pas espérer. On assume mieux l'échec, on se complait dans la pauvreté, et on s'accroche aux slogans creux, peu évolutifs et rétrogrades, sans objet ni fondement, vides d'avenir et inhibant, qui relèvent juste de la bêtise, de l'inconsistance, de l'inconscience et de l'insouciance. Cette pensée partagée qui devient trans-générationelle plonge la plus grande partie des populations dans des états d'entreprenariat comateux, dans des zones de confort sous perfusion dans lesquelles on s'accroche à la survie, chaque jour, ceci dans un inconfort qui frise parfois la démence. Comment sommes-nous arrivés à un point où presque tout le monde dans nos communautés s'accommode mieux de la pauvreté, apprivoise plus le manque, et se contente juste du minimum ? Ceci n'est qu'un exemple parmi tant d'autres. Mais ça doit changer, et cela est possible.

Changer de paradigme c'est possible, et cela engendre parfois des révolutions, après des conflits. Il s'agit d'un renouvellement global des connaissances fondamentales, une révolution conceptuelle. Il ne s'agit pas de remplacer une idée ou un concept longtemps admis par son opposé strict, mais peut-être de le modifier en l'enrichissant, en y intégrant des visions nouvelles complémentaires, qui réduiraient l'emprise sur les individus des concepts pris alors pour des vérités absolues. Vous avez certainement besoin de faire autre chose, d'une autre manière, avec une nouvelle vision, un nouveau cheminement. Vous devez changer de comportement, d'attitude, et donc de situation. Mais vous devez d'abord changer vous-même.

Il est vrai que dans votre vie vous avez développé des idées et concepts qui ont dirigé et déterminé votre quotidien. Mais vous pouvez vous en départir, vous en libérer, changer. Il peut arriver que vous commenciez à penser différemment des autres dans votre groupe, vous mettant à dos tout le monde. Certes vous semblerez isolé par vos idées jugées irréaliste ou surréalistes, mais tenez bon. Si vous êtes convaincus par votre projet ? Par vos idées ? Alors œuvrez pour les mettre en marche. Le paradigme ancien était aussi simple idée à la base. Ne pensez-vous pas que vous pouvez être le point de départ d'un paradigme nouveau ? Mais cela ne doit pas être une compétition ou un but aveugle. L'un de vos buts peut donc être de démystifier les idées reçues sur le marketing de réseau.

En effet, dans de nombreuses communautés, le marketing de réseau revêt des valeurs très négatives et qui sont malheureusement fortement partagées. Nous e avons listé des idées reçues sur cette activité. La pénétration de cette activité est souvent confrontée à des pensées acquises çà et là, sans fondements, ni justificatifs. Les paradigmes déjà installés communautairement inhibent parfois l'élan des individus à se lancer. Dans des groupes sociaux peu évolués, les activités en ligne sont mal comprises et non admises. Parfois, la richesse brandie et proposée par les plan d'affaires relevant du marketing de réseau sont inconcevables, et l'activité rejetée. Les valeurs de cette activité sont nombreuses, et présentées dans ce document. Les croyances et les modèles sociaux ne s'y accommodent pas toujours, mais les individus en sont les principaux bâtisseurs et en constituent le substrat. Si les valeurs des groupes auxquelles ils appartiennent sont en déphasage avec la structure du marketing de réseau, il leur revient de briser la glace, les autres suivront. Si vous vous sentez concernés, sachez que vous avez une décision à prendre, qui peut impacter durablement et positivement une ou des communautés. Si votre décision était tributaire des données ou croyances de votre groupe, sachez que le marketing de réseau est ce qui vous faut.

Vous avez peut-être la responsabilité de changer les mentalités et de drainer vos frères et sœurs vers le succès. Lancez-vous !

5. ETRE SON PROPRE PATRON

Nombreux sont ceux qui en ont marre de devoir rendre compte, de devoir se conformer à telle ou telle humeur d'un patron, de se plier aux exigences d'un tel ou d'un tel. Mon patron a volé ma vie, ce travail m'a fait prisonnière, je n'arrive plus à voir ma famille, je n'ai plus le temps pour moi, etc. on se plaint, on est dérangé, on se rend compte que l'on n'a pas le temps, et aussi pas d'argent en général. On est sous les ordres d'un homme ou d'une femme. Le stress nous habite en permanence, notre entourage se plaint de nous, et la fatigue s'installe. Les raisons sont parfois multiples, mais en général, La pression exercée par la hiérarchie figure parmi les bêtes noires des travailleurs. Ceci a indéniablement un impact négatif sur leur santé, avec à la clé, un risque réel de dépression. Cet état de choses a déjà causé des problèmes psychologiques graves chez plusieurs. Les états observés sont en général ceux de la fatigue et du stress. Le stress au travail est perçu comme un facteur pouvant nuire à la productivité. C'est la totalité des réactions que peut avoir un employé qui est confronté à des exigences personnelles trop hautes et à des pressions professionnelles non conforme à ses capacités actuelle. En général, il résulte d'un manque de communication au sein des salariés de l'entreprise qui peut engendrer des discordes, et même l'anxiété, d'une surcharge de travail qui dépasse nos capacités, des tâches devenant souvent trop ennuyeuses, d'un bouleversement au travail qui ne s'est pas passé comme on l'espérait, d'un isolement des autres, d'un harcèlement psychologique ou physique, résultant en sentiment de mal-être, d'agressions verbales, de mauvaises conditions de travail en général et de trop lourdes imputations.

Parfois on se rend compte que depuis des années que l'on

effectue ce travail, rien n'a avancé dans notre vie, rien ne s'est amélioré, le salaire est resté statique, lorsque celui du patron a quintuplé. On se rend compte et on a cette amère impression que l'on travaille pour enrichir quelqu'un ou une entreprise. On est révolté, on veut partir, mais où aller ? Que faire ? Ya-t-il un autre boulot qui soit moins stressant et qui n'admette pas le patronat ? Avons-nous la possibilité d'être des patrons nous aussi ? En général la réponse est non. Nous n'avons pas le choix, nous devons continuer. Mais nous avons envie d'en découdre, d'abandonner, de nous lancer à notre propre compte, de nous libérer, et de jouir de notre temps et de notre famille. Quelle est donc l'alternative ? Que pouvons-nous faire que tout le monde peut faire ?

Se lancer à son propre compte devient évident lorsque l'on pense au marketing de réseau. Vous voulez Fuir les ordres et travailler pour vous-même loin du stress et des invectives ? Lancez-vous dans le marketing de réseau ! C'est une activité libérale qui admet comme patron votre propre personne. Pour ce lancer pas besoin d'avoir de gros montants et des financements élevés, mais juste de quoi acheter un produit destiné à votre propre consommation et pousser des gens à faire pareil. Le réseau ainsi construit avec des personnes représente votre entreprise, celle dans laquelle vous aurez non pas des employés, mais des collaborateurs, des partenaires. Vous quittez ainsi un système où le patronat à outrance vous dérangeait, pour intégrer un nouveau système où il n'existe pas de patronat, mais du partenariat gagnant-gagnant, productif sur le court, moyen et long terme. Votre production devient le résultat ou le fruit de vos efforts et de votre engagement, et non d'un salaire invariable sur des années. L'autodiscipline qui sera désormais votre ne proviendra plus d'une rigueur dictatoriale venant du sommet, mais de votre volonté à agir avec les autres dans un environnement où la liberté n'a pas d'égale. Même en votre absence vous pourrez gagner. Travailler quand vous voulez et comme vous voulez, où vous voulez et si vous voulez, ce qui était votre rêve et votre souhait, devient alors réalité. Le marketing de réseau vous offre cela, vous donne l'opportunité de le faire, et ceci est possible durant toute votre vie. Cela n'exclut en rien le fait qu'il faudra bel et bien travailler. Donc pas de discipline, pas de résultats.

6. LES CHIFFRES RELATIFS À L'INDUSTRIE QU'EST LE MARKETING DE RÉSEAU

De nombreux éléments peuvent être motivateurs dans votre élan à vous lancer dans cette industrie. Son caractère mondial lui octroie aussi des spécificités liées aux chiffres. Ayant des vertus de faits, les chiffres attestent de l'ampleur d'un phénomène ou d'un paramètre donné. Ceci est d'autant plus vrai lorsque ceux-ci sont donnés par des organismes reconnus légitimes. C'est aussi le cas concernant le marketing de réseau. Si les chiffres pourront avoir un impact positif sur votre mental, l'effet inverse peut aussi être observé, que vous soyez déjà marqueteur ou pas. Ils peuvent aussi par ailleurs conforter votre position, ceci selon l'angle par lequel vous observez.

Le marketing de réseau inclut par son procédé de distribution la vente directe. Les données chiffrées se rapportant à la vente directe sont en général publiées par la fédération mondiale de la vente directe, et relayées par de nombreux auteurs. Basée aux états unis, elle est représentée dans plus de 170 pays. En 2019, les données font état de ce que La vente directe est une industrie de 193 milliards de dollars dans le monde, pour plus de 118,4 millions de représentants indépendants à travers le monde, soit plus de deux fois la population Sud-Africaine. Ceux-ci sont affiliés à une société de vente, mais jouissent de la liberté de créer une entreprise selon leurs propres termes et temps. Cette industrie a montré une croissance au fil du temps, avec un taux de croissance annuel de 1,7% sur trois ans, pour la période de 2015 à 2018, soit 183.6, 187.0, 190.6 et 192.9 milliards de dollars respectivement en 2015, 2016, 2017 et 2018. Précisons-le, cette croissance a été de plus de +52% entre 2010 et 2017, soit 7 ans pendant lesquels le chiffre d'affaire mondial est passé de 125 à 190 milliards de dollars. En enlevant les taxes sur la valeur ajoutée, Les chiffres d'affaires exprimés en milliards de dollars en 2018 au détail près, précisent que 79% des ventes mondiales sont générées par 10 pays, considérés alors comme les meilleurs dans le domaine, les détails étant présentées dans le tableau ci-dessous.

Pays	Chine	USA	Corée	Allemagne	Japon
Chiffre d'affaires (ventes) en milliards §	35,732	35,350	18,044	17,520	15,608
Pourcentage	18	18	10	9	8

Brésil	Mexique	France	Malaisie	Taiwan-chine	Autres
10,198	5,865	5,385	5,287	3,894	
5	3	3	3	2	21

Sur les 192,9 milliards de dollars de vente à l'échelle mondiale, la répartition par chiffres d'affaires montre que l'Asie à elle seule réalise 89.2 en milliards de dollars soit 46% avec une hausse de 1.8%, les Amériques suivent avec 62.4 milliards de dollars soit 32% avec une hausse de 1.5%, l'Europe effectue 39.6 milliards de dollars soit 21% avec une croissance de 0.3%, et l'Afrique juste 1.8 milliards de dollars soit 1% avec une croissance de 1.4%. Se rapportant aux représentants indépendants, sur les 118.4 millions disséminés à travers le monde, 69.7 millions sont de l'Asie, 31 millions des Amériques, 14.4millions de l'Europe, et 3.3 millions sont Africains. L'activité est donc quasi mondiale. Nous le savons, les entreprises sont très diversifiées à travers le monde, les produits aussi, regroupés en gammes. Cependant, tous cas gammes ne sont pas commercialisés avec la même fréquence, certains étant plus vendus que d'autres. A l'échelle mondiale, le FMVD atteste que les produits de la gamme du bien-être sont les plus vendus, et représentent 33.2% des ventes mondiales, les produits cosmétiques et d'entretien personnel représentant 31.2%, avec 12,8% pour les Articles ménagers et biens durables. Le reste étant composé des produits d'entretien ménager, des Livres, des jouets, la papeterie, les Produits alimentaires et boissons, les produits d'Amélioration de l'habitat, les Utilitaires, les Services financiers et Autres.

Le marketing de réseau comme industrie occupe la 3e position au monde, en termes de chiffre d'affaires. Le nombre de représentants indépendants et la fréquence des commissions payées font de ce métier celui qui crée le plus de millionnaires à travers la planète chaque année. De nombreux représentants indépendants intègrent l'activité chaque jour à travers le monde, et la fréquence d'intégration est sans cesse croissante.

Focalisons-nous sur le cas particulier de l'Afrique, qui engrange les plus faibles taux, les pourcentages les plus bas, les ventes les plus réduites. Ceci provient certainement de l'arrivée tardive du concept dans cette partie du monde, qui ailleurs accuse de nombreux retards. L'activité est née ailleurs, et s'est propagée dans le monde, de fonçons irrégulière et non arithmétique, sans suivre un chemin prédéfini. Mais ceci ne doit pas être alarmant si stressant, encore moins décourageant. Au lieu pour les africains de questionner ce concept qui leur est novateur, ils doivent le perpétuer, car il a inspiré et dopé de nombreuses économies à travers le monde. Apprivoiser une telle activité serait une garantie d'emploi pour de nombreux individus, qui vivent dans ce continent où l'emploi est parfois très difficile à obtenir. La jeunesse de l'Afrique dans ce concept n'est pas une raison qui resterait suffisante pour expliquer en permanence ce retard. En réalité, on ne reste pas éternellement jeune. Il serait logique de penser que les autres continent sont plus expérimentés certes, sont plus anciens, mais l'évolution dans le mlm n'est pas toutefois tributaire de l'ancienneté ou de l'expérience. L'Afrique peut et doit sauter sur cette occasion magnifique que lui offre le mlm pour catalyser sa croissance et augmenter le nombre d'emploi. Les entreprises doivent aussi être mises sur pieds, et proposer des produits concurrentiels à l'échelle mondiale. Ces bribes de suggestions peuvent aider à relever les chiffres et changer de position. Ce n'est pas une honte que « d'être dernier », mais ce serait une fierté de booster les résultats. Ceci passe par des recrutements massifs, ce qui augmenterait donc le nombre de représentant indépendants, lesquels se traduiraient par des changements visibles dans le nombre des commissions et des individus payés chaque jour, chaque semaine, chaque mois. L'impact de ceci ne tarde pas à se faire ressentir depuis l'échelle des individus, des familles jusqu'à celle des états.

Cependant, les chiffres ci-dessus consignés sont le reflet de l'activité d'après une vision globale, une macro vision. A l'échelle des équipes, au niveau des individus, donc sur le terrain, la réalité est tout autre. Il est évident que cette vision globale permet de prendre conscience des réalités sur le marketing de réseau comme activité à fort potentiel. Mais au-delà de cette prise de conscience, certaines données pourront vous ramener à la réalité, laquelle vous permettra de comprendre que cette activité est certes simple mais pas facile. Et pourtant, su vous parvenez à admettre ces chiffres et les intérioriser, vous ferez des constats clairs qui vous rendront matures et mieux enracinés dans le système, mieux avertis aussi. Vous devez savoir que environ 95% des résauteurs ne gagnent pas d'argent. S'ils le font, c'est très peu. Les personnes qui réussissent à se faire des revenus ont démarré à un moment donné et ont travaillé. Tout le monde ne pourra pas gagner au même moment. Mais pour un instant donné, il n'est pas possible pour tout l monde de gagner. Si c'était le cas, l'entreprise en elle-même de survivrait pas. Le système offre à tout un chacun l'opportunité de bâtir un réseau avec le plus de personnes possible. Mais pour un individu possédant un réseau bien peuplé, juste environ 5% de ces individus gagnent, grâce aux achats faits par les 95%. Pour se faire des revenus considérables, il faudra donc atteindre le « grand nombre ». Par exemple, amusez-vous à faire l'exercice suivant sur une simple feuille ; dessinez n'importe quel type de structure « pyramidale » que vous pouvez imaginer, avec n'importe quelle matrice, 2×2, 4×4, 2×8, 3×7, peu importe. Essayez ensuite de calculer combien de personnes il y a au total dans la pyramide. Relevez combien il y a de personnes dans la ligne du bas, ce que l'on peut appeler la dernière génération, c'est-à-dire tous ceux qui n'ont aucune recrue sous eux. En général, votre découverte révèlera que ce nombre est égal ou supérieure en nombre à tout le reste du réseau. Donc selon une logique mathématique inviolable, la majorité des participants est condamnée à perdre, ou alors à dépenser plus qu'elle ne gagne. Ce n'est cependant pas tout. En effet, la plupart des entreprises obligent leurs membres à atteindre un état de «qualification» pour avoir le droit d'avoir une commission, ou un gain. En général, il s'agit de remplir l'équivalent du premier ou du deuxième niveau sous nous. Ainsi donc, les deux ou trois derniers niveaux ou générations du réseau, soit plus de 90% des participants, ne peuvent recevoir des commissions. De ce fait, jusqu'à 99% des participants sont disqualifiés à la réception des profits des profits. Ceci risque de vous décourager. Mais que non. Il serait donc important de comprendre que la pyramide répond à des lois mathématiques, et donc qu'une bonne stratégie de développement devra aussi s'appuyer sur des lois mathématiques.

Par ailleurs, pour qu'une personne vous rejoigne, vous devez lui présenter votre activité. Pour ce faire, vous devez au préalable l'inviter. Mais avec cette activité, juste 70% des personnes invitées viendront, et parmi ces gens, seul 10% vous rejoindra dans l'activité. Au sein de ces derniers, une ou deux personnes auront l'esprit ou la fibre d'un leader, d'un meneur, d'un champion, qui fera comme vous, et peut être plus que vous. C'est avec ce genre que vous bâtirez. Ces données sont empiriques, et en général observées.

Mais n'ayez crainte. Souvenez-vous que vous déciderez d'être parmi les leaders ou alors l'inverse. Le plus grand nombre (95%) qui ne gagne presque rien se décompose et se régénère au quotidien. certains abandonnent, d'autres sont là mais ne travaillent pas, d'autres encore travaillent mais ne gagnent pas. Mais au même moment, de nouvelles personnes font leur entrée, d'où la croissance observée à l'échelle mondiale, et le chiffre d'affaire sans cesse croissant lié aux ventes. Ce pic visible d'iceberg cache en réalité cette base très élargie faite de non gagnants, parfois et en général inconscients de cela, mais qui constituent le poumon et assurent la vitalité quotidienne des réseaux, sous les motivations et les formations des gagnants, vus comme meneurs. Il y en a aussi qui ne gagneront jamais. Vous êtes donc mieux éclairés concernant les chiffres. Prenez la décision et lancez-vous. Ensuite choisissez votre camp !

7.   VOUS AVEZ ÉTÉ SÉDUITS

Toute prise de contact normale avec l'activité que représente le marketing de réseau se fait au travers des séminaires lors des présentations publiques, ou lors des entretiens privés. En général, vous êtes face à un ou des individus qui vous déroulent un exposé clair et explicit. Leur maitrise du sujet laisse aussi penser qu'ils maitrisent autant la langue. Le langage est construit, bâti autour des figures de styles qui accrochent et poussent à toujours plus de curiosité. Les intervenants ont de l'assurance, avec de forts attachements avec l'entreprise pour laquelle ils déroulent la présentation. Aucune erreur, aucune reprise de parole, tout est maitrisé, récité, et déballé de façon parfaite. Ils débutent par une mise en forme, une sorte d'entrée en contexte qui vous intéresse en général, car est si globaliste que vous vous sentez concerné. Ceci vous accroche, et vous vous arrangez sur la chaise pour mieux écouter. Ils lisent votre gestuelle et parfois, pour les plus expérimentés, ajustent leur discours pour vous séduire et vous captiver encore plus. Le but est de vous intéresser par tout ce qui est dit. Plus ils avancent, plus vous vous sentez convaincus par la chose. Ils pourront passer par le dénigrement de certains systèmes, ou alors la surconsidération du leur, afin de le placer comme ultra singulier. Vous ingurgiterez alors le concept en lui-même, mais aussi les produits commercialisés qui vous offriront des retro commissions suivant un plan bien pensé, sur lequel ils s'appesantiront. Par des simulations, ils vous montreront comment être millionnaires. C'est le moment des gros chiffres. Produits et plans constituent les deux éléments focaux de cette activité.

➤ *Les produits*

Nous le savons, le marketing de réseau est une activité commerciale, basé sur la vente des produits et des services. Tout un chacun peut s'y offrir des produits à des prix suffisamment bas, en comparaison à leur valeur sur le marché lié au circuit classique. Ceci est justifié, car nombre d'entreprises adoptent la vente directe. Cette particularité de vendre à des prix plus bas permet à des personnes de s'y intéresser pleinement.

Au-delà des prix, les produits vendus sont en général de haute qualité. La plupart possèdent des certifications mondiales, qui attestent de leurs particularités qualitatives. Ils présentent des rapports qualité pris très alléchants. Les entreprises sérieuses ayant une implantation mondiale, les produits vendus ou proposés doivent s'arrimer aux normes et satisfaire les individus de tout type, et de tous milieux. Il s'agit donc des défis commerciaux en renouvellement permanent, pour combler les besoins et les attentes des populations, véritables cibles de l'activité. Ces entreprises qui doivent innover chaque jour proposent donc de nombreuses gammes de produits, selon leur importance et leur utilisation. On rencontrera ainsi des produits d'entretien corporel, ceux ayant trait à la santé, de la joaillerie de luxe, de la technologie (logiciels et diverses machines), de la mécanique, de l'alimentation, de l'éducation, et divers services. Toutes les entreprises ne proposent pas toutes ces gammes. Certains n'en proposent qu'une seule, d'autres un peu plus. Si vous voulez donc intégrer cette activité, la diversification des gammes de produits peut être un facteur déterminant pour vous, afin de choisir la meilleure entreprise. Quel que soit donc votre désir comme produit, vous en en trouverez un dans l'une des gammes proposées. Mais si malgré cette forte diversification des produits vus ne vous trouvez vraiment pas intéressé par l'un d'entre eux, vous le serez certainement par le plan d'affaires.

➢ *Le plan*

Comme déjà mentionné, les ventes donnent droit à des commissions. Les entreprises de mlm reversent une portion de leurs bénéfices aux vendeurs, selon qu'il s'agit des commissions en produits ou sous forme financière. Toujours est-il que le concept est pensé longuement avant d'être lancé. Le concept peut apparaitre très complique lorsque l'on s'imagine devoir travailler seul pour générer les gains prévus. Mais avec le mot « réseau » qui y est associé, le travail devient celui d'une équipe, simplifiant ainsi les opérations. La fréquence des paiements varie d'une entreprise à l'autre, allant du jour au mois ; autrement dit, si vous remplissez les conditions, vous pouvez être payé le même jour que vous l'avez fait, ou alors plus tard, selon les prévisions édictées par l'entreprise. Tout ceci devient très intéressant lorsque la notion du cumul intervient. Nous avons déjà abordé certains points singuliers à cette activité, se rapportant à la flexibilité spatiotemporelle, aux revenus, et au style de vie. En cumulant les commissions obtenues dans ce système si l'on considère leur valeur minimale gagnée pendant un temps jugé long, on obtient par calcul une masse monétaire bien plus supérieure à celle obtenu par cumul d'un salaire moyen fixe sur une même période. Autrement dit, si on considère un professionnel du mlm qui n'avance pas très vite et qui ne gagne pas le plus souvent, avec un salarié qui a un salaire fixe, le cumul des gains réalisé par le premier est en général supérieur à celui du second, après un certain temps. Par exemple, si dans le mlm vous gagnez 200euros par mois, vous êtes considérés comme défavorisé, au vu de vos revenus, en comparaison avec un salarie qui gagne 2000 euros, soit dix fois plus que vous. Mais c'est en oubliant les caractéristiques du mlm. Les revenus ne sont pas fixes, si votre réseau de vente grandit. Si c'est donc le cas, le nombre de résauteurs augmentant, vos gains augmentent aussi, mais avec une progression double ou triple, selon les plans. Cette croissance en nombre correspond donc à des commissions multipliées selon la fréquence des paiements de l'entreprise. Si donc de façon hebdomadaire vous obtenez juste quatre fois plus de gains, ceci correspond à votre gain initial multiplié par 16, pour rejoindre la mensualité, faisant de votre mlm l'activité la plus lucrative. De nombreux calculs que tout un chacun peut faire attestent de cela.

Ces explications, lorsqu'elles sont bien expliquées et comprises, séduisent inévitablement. Tout individu peut se sentir concerné par cela. Bien que les débuts puissent être considérés comme lents, sur le moyen terme le mlm est imbattable, encore plus sur le long terme. Mais ceci exige aussi de respecter certaines conditions, dont l'une est le travail permanent, revu et corrigé chaque jour, pour être amélioré, afin d'améliorer aussi les résultats.

Les plans de compensation sont fascinants, séduisants et convaincants, dans leur structure et leurs prévisions. Ils maintiennent l'individu en éveil, et constitue un substrat fertile sur lequel bâtir et fonder ses rêves ne serait pas superflu. Par leurs promesses parfois irréalistes (ce qui n'est pas le cas), ils présentent pour tout un chacun une pépinière où germe l'espoir, et l'environnement de l'activité constitue la serre où les individus vivent alors comme des millionnaires. Ceci vous concerne. Lancez-vous, si vous ne l'avez pas encore fait.

8. BÂTIR SA PROPRE ENTREPRISE

Dans le contexte actuel des économies au plan national et même mondial, l'auto emploi est fortement recommandée. La nouvelle tendance est de créer des entreprises, se mettre à son propre compte. Développer son propre business, créer des emplois. Des écoles suggèrent de passer du statut d'employé à celui de patron. Dans cette atmosphère pour le moins encourageant, les individus sont galvanisés, enthousiasmés, plein de vigueur et d'espérance. Des personnes, aussi nombreuses soient elles, sont chargées et porteuses de projets, relativement novateurs et intéressants. Vient alors le stade de la matérialisation, du déploiement, de la mise en place, de la création physique de ladite entreprise.

Vous avez un ou des projets, clairement pensés et très bien labellisés. Ils sont issus de de votre créativité pour la plupart. Voici venu le moment du financement dudit projet. Vos faites face au manque de financement et l'absence des sponsors. les difficultés d'accès au financement avec la précarité du statut du créateur d'entreprise, les carences des dispositifs de soutien a la création d'entreprise l'absence de réflexe PME des politiques publiques manque de fonds propres et à l'insuffisance de l'épargne, l'incapacité à lever des fonds, le refus des banques pour prêter de l'argent, les raisons peuvent être nombreuses car le ROI n'est pas suffisant pour eux. Les banques qui peuvent accorder un prêt exigent des entrepreneurs un apport personnel minimum parfois de 20% du coût de l'investissement. Il peut arriver que vous n'ayez aucun contact, pas d'associés. Par ailleurs, Vous vous trouvez confrontés à une fiscalité paralysante, à une gymnastique bureaucratique assez fatigante, la lourdeur et la longueur des procédures administratives. En effet, celle-ci sont pénibles à surmonter de par le nombre imposant de documents officiels que le créateur doit remplir.et parfois au découragement venant de votre entourage.

En réalité, au-delà du temps requis pour monter le projet, les circuits administratifs importants à parcourir, le financement à obtenir, la législation parfois très peu courtoise, vous devez travailler et être patient, comme dans toute entreprise. Le chemin est donc long, parfois semé d'embuches et d'obstacles. Cependant, cela n'est pas impossible, car beaucoup de font.

Dans le marketing de réseau, le terme créer son entreprise prend aussi tout son sens. Il va même plus loin en précisant qu'il s'agit en général de créer son entreprise dans une entreprise. En démarrant l'activité avec une entreprise de marketing de réseau que vous avez choisi ou qui vous a été présenté, en général simplement par l'achat d'un produit, vous ouvrez « votre entreprise » dans cette entreprise là. En « recrutant » des partenaires, vous faites grandir votre entreprise. Ces partenaires constituent les membres de votre réseau, de votre équipe, et donc de votre entreprise. Plus ils entreront, plus les ventes seront faites, plus vous gagnerez, plus votre entreprise sera productive. Vos partenaires, faisant aussi des recrutements, font grandir « leur » entreprises dans « votre » entreprise. Le résultat final est l'effort collectif, pour des gains individuels. Quoi de plus simple et beau ? Voici donc une activité qui vous permet d'ouvrir une entreprise en toute légalité, ceci en quelques heures. Le phénomène étant rendu plus rapide par l'incorporation des nouvelles techniques de l'information et de la communication.

9. SORTIR DU CHÔMAGE

Dans de nombreuses sociétés, et particulièrement africaines, l'accès à l'emploi n'est pas très facile. Le taux de chômage atteint parfois les 90%. Dans ces contextes difficiles, les individus souffrent, et se donnent à des taches informelles. C'est le propre des sociétés pauvres, et parfois très endettées. Le climat social dans de tels pays est névrosé, teinté parfois des tensions sociales. Certaines couches de la société sont tenues en minorités. Ceci est d'autant plus accentué lorsque des divisions intra nationales surgissent et séparent les individus à l'échelle de la république. L'octroi des emplois devient sélectif, et les divergences se multiplient. Par ailleurs, dans de nombreux cas, deux classes sociales émergent : les très riches et très minoritaires qui tiennent le pays par le vol ou la corruption, et les moyens, pauvres et très pauvres, majoritaires, qui vivent ou survivent accrochés aux petits métiers. Dans ces systèmes peu appréciés, les fonctionnaires sont mal payés. Résultat des courses, la majorité de la population, plus de 80%, « survit » au quotidien. Cet état de choses n'augure en rien des lendemains meilleurs. Pour un chercheur d'emploi, la situation est critique, et pousse à réflexion. Accéder à un emploi étant extrêmement difficile, que faut-il faire ? Et si même vous avez par chance un emploi, il est mal payé. Dans les deux cas, le futur est compromis. Dans cette atmosphère d'incertitude émergent de nombreuses activités proposées çà et là par des promoteurs plus ou moins sérieux, l'arnaque se trouvant omniprésente.

Cependant, dans cet océan de misère quasi générale, certains décident de saisir les taureaux par les cornes, en se lançant dans une activité pour le moins pas très commune selon les sociétés et leurs évolutions. Le marketing de réseau. Il est présenté en général comme un système nouveau. Il offre la possibilité à plusieurs de sortir du chômage, de vaincre la pauvreté, de tordre le cou à la misère, et de prendre un nouveau départ. Faire du marketing de réseau c'est avoir un emploi à part entière. Il est spécial car n'exige aucune qualification, aucune expérience, aucun concours. Il s'affranchi des castes, des sectes, des fléaux liés aux divisions sociales, su supranationalisme brandi par certains, du népotisme d'état, de la corruption et du mensonge. Il met tout le monde dans une société au même niveau, et baisse la courbe du chômage. Se lancer dans le marketing de réseau est une décision vitale, est un chemin nouveau que l'on emprunte, représente une décision qui impactera le futur. Mais l'homme, dans sa misère, craignant de perdre le peu qu'il a, ou alors n'ayant même rien pour se lancer, abandonne cette opportunité.

Avez-vous été mis de côté lors des sélections pour offre d'emploi ? Avez-vous été discriminé lors d'un concours ? Avez-vous déjà manqué d'argent pour vous offrir une formation dont vous rêviez ? Avez-vous un parcours scolaire très insuffisant ? Avez-vous été licenciés ? Êtes-vous fatigués de travailler sous les ordres ? Êtes-vous au chômage ? Ceci vous concerne. Lancez-vous dans le marketing de réseau !

10. GAGNER À VIE

Pour ceux qui ont déjà suivi des présentations des opportunités de marketing de réseau, qui ont déjà assisté à des séminaires d'explications organisés par certaines compagnies, qui ont déjà eu à lire des articles ou les livres sur le marketing de réseau, savent que la plupart des plans sérieux proposés par les entreprises pratiquantes sont destinés à la vie. En d'autres termes, ce qui vous est proposé offre la possibilité de gagner sur de nombreux mois, de nombreuses années, parfois supérieures à la vie d'un homme. De nombreuses preuves vivantes existent dans tous les pays où le marketing de réseau est implanté. C'est une activité qui pour permet de gagner sur le court, le moyen, et le long terme. Commencer ce business aujourd'hui peut vous permettre de commencer à vous faire des revenus dans les jours suivants ou les semaines suivantes, selon votre engagement et votre détermination, votre sérieux et votre soif de réussir. La retraite est rarement retrouvée dans les plans de compensation. Vous prendrez votre retraite lorsque vous déciderez de quitter cette activité, par vous-même. Mais pour celui-là qui a pris cette activité au sérieux dès le départ, qi s'est lancé profondément avec le désir de gagner sur le moment, a déjà certainement construit un réseau de vente qui produit par ses ventes directes ou non. Cette activité, nous y reviendrons dans la suite, offre la possibilité de gagner même sans être présent. Vous pouvez avoir des chèques étant dans le taxi, à la maison, dans le métro, endormi, à la plage, en voyage. Comment cela est possible, lorsque nous savons que pour toutes les activités classiques connues, l'absence au poste peut être un motif de renvoi, de licenciement, ou de mise à pieds. Dans ces activités, il faut aller travailler pour gagner. Mais pour celui-là qui a déjà construit son système à coups d'efforts et de sacrifices, un réseau de vente producteur malgré son absence, la rente peut se faire à vie. Le concept de liberté financière trouve donc tout son sens et son application dans cette activité pour le moins très magnifique qu'est le marketing de réseau. Pouvons-nous être riches et financièrement indépendants avec un salaire ? Pouvons-nous l'être avec des commissions grandissantes avec le temps dans le marketing de réseau ? Les réponses sont respectivement non et oui !!!

11. AMÉLIORER SA PERSONNE, DEVENIR UN LEADER

Les adeptes du commérage et de la diffamation non constructive risquent affirmer qu'il est question d'entrer dans une secte. Fort de leur fermeture d'esprit, certains diront qu'il s'agit d'une école de mystères ; d'autres encore, surtout en Afrique, affirmeront que vous êtes gourou ou membre d'une église réveillée. Mais pourquoi vous attribueront-ils ces assertions ? Tout simplement du fait d'avoir vu les transformations dont vous faites l'objet, transformations positives et constructives. Vous devenez différents par votre comportement, par votre tenue, par vos propos, par votre élocution, par votre vision nouvelle des choses et de la société, par vos idées, et bien d'autres. Vous apparaitrez sous un nouvel aspect, plus confiant, plus positif, plus ouvert, plus visionnaire. Vos prises de paroles sortiront très souvent du cadre toujours conçu par la majorité, vous commencerez à parler avec beaucoup d'assurance. Certains vous qualifieront de capitaliste, mais qu'importe. Vous serez une meilleure personne. Mais d'où vous viendront toutes ces qualités qui bien entendu ne s'achètent pars comme produit ?

Le marketing de réseau est une activité dont la pratique demande ou exige une certaine manière d'agir. Elle considère comme meilleur produit la personne qui la pratique ou l'exerce. Il peut arriver que certains intègrent cette activité mais ne la pratiquent pas, ne suivent pas les principes ou stratégies déclinées par l'entreprise, ne se documentent pas quant aux méthodes productives, et ne suivent parfois que leur point de vue. Dans la plupart des cas, cela ne marche pas. De nombreuses entreprises de marketing de réseau utilisent les principes liés au développement personnel, et forment leurs partenaires de manière régulière. Pour être un bon vendeur, il faut être une bonne personne, avoir la bonne attitude, et croire. De nombreuses astuces existent pour faire de l'homme un meilleur produit, mais ne sont presque pas enseignées. Nous n'allons pas les dévoiler ici, ce n'est pas l'objet de l'ouvrage. De nombreuses personnes se demandent parfois comment font les autres pour devenir riches, pour réussir, souvent où beaucoup ont échoué. Mais la réponse se trouve uniquement dans leur attitude, dans leurs habitudes, dans leur vision, dans leur manière d'appréhender le monde, dans leur caractère. Dans la pratique quotidienne du marketing de réseau, activité qui promeut la liberté financière, vous serez en permanence arrosés du parfum des bravoures de ceux-là qui ont osé, qui ont cru, et qui ont atteint la liberté financière. En réalité, vous devez oser, et vous devez croire. Réussir dans sa vie ne relèverait dont plus du destin, de la chance, d'un sort, ou d'une toute puissance. Elle est le résultat de la saisie et de la capitalisation des opportunités qui se présentent à chacun. Pour y parvenir, il faut oser. De nombreuses histoires existent, et sont consignées dans des livres, des blogs, ou alors tout simplement sur internet. Mais combien sont ceux qui y croient, qui lisent, ou qui du moins cherchent ? Beaucoup ont conçu la richesse comme l'avènement d'un miracle. En exerçant le marketing de réseau, vous êtes donc amenés à croire beaucoup plus en vous, en ce que vous faites, et en ce que vous êtes capables de faire. Vous penserez désormais que c'est possible. Vous accepterez que vous puissiez être le sujet de la réussite. Dans la vie quotidienne et dans les activités classiques, ce n'est pas le cas. Nous ne croyons plus à notre potentiel personnel, nous pensons désormais que la manne arrivera, et nous nous réfugions dans des prières. Prier certes n'est pas mauvais, ni interdit. Mais abandonner son sort et sa richesse éventuelle ou potentielle entre les mains de la prière est suranné. La prière, sans en être un expert, accompagne les actions. Alors, il faut agir, prier, et agir. La réussite dans le marketing de réseau n'est que fruit du travail, un vrai travail, car il s'agit d'une activité avec pour principal capital l'homme. Cette réussite ne saurait être l'apanage d'un immobilisme perfusé sous fond de raison par la spiritualité. Vous l'avez donc compris, vous investissez sur l'homme, et il doit être le meilleur possible. Voilà pourquoi de nombreuses entreprises de marketing de réseau ont investi sur l'homme. Vous aussi en intégrant cette activité, vous investissez sur l'homme. Vous serez donc amélioré comme individu, mais plus encore, vous ferez de ceux qui vous suivront dans ce business de meilleures personnes, et ainsi de suite. C'est donc une chaine née d'une scissiparité constructive liée au développement de la personne qui se construit, qui est bâtie, et qui sans doute perdurera ; un réseau de bonnes personnes dans les habitudes et les attitudes ne peut faire que de meilleures ventes, ce qui correspond en marketing de réseau, à de meilleures commissions. C'est ainsi que vous changerez votre vision du monde et la perception que vous avez de vous-même. Vous modifierez votre conception du travail, et vos occupations seront bouleversées. Peut-être vous étiez trop dépendant de la télévision, un outil de distraction non lucratif ; vous diminuerez considérablement votre temps consacré à cela. Il en est de même pour d'autres activités qui siphonnent votre temps de façon gratuite. Vous serez plus discipliné, plus averti, plus ouvert, plus conscient, plus ferme avec vous-même, et ceci de manière courante, non forcée, pas apprise, mais acquise et adoptée.

Voilà donc une activité qui permet à l'homme d'acquérir de bonnes valeurs sociales, en établissant des relations ou des rapports quasiment toujours positifs avec son entourage. Des hommes qui pensent bien et croient en eux sont certainement le socle d'une société plus épanouie, plus organisée, qui se construit plus rapidement et plus durablement. Les valeurs et les caractères qui se dégagent de cette activité offrent ainsi à tout individu le potentiel se s'auto employer, de se prendre en main, et de se construire. Elle enseigne que l'homme possède un potentiel infini qui n'est en général pas exploité dans sa grande partie. Marqueter c'est convaincre, c'est venter, c'est enseigner, c'est promouvoir. Avoir ces missions au quotidien fait de celui qui l'exerce un facteur de construction personnelle, et un élément de cohésion sociale.

Il apparait clairement que la pratique du marketing de réseau offre à l'individu la possibilité d'être en contact avec de nombreuses personnes aux caractères variées. Ces derniers sont ceux-là qui pratiquent comme vous cette merveilleuse activité, mais aussi ceux-là qui ne la pratiquent pas. Avec les premiers, vous serez compris, vous partagerez des rêves, vous aurez des langages convergents, vous conjuguerez le monde au même temps ; mais avec les seconds, vous devrez être patients et compréhensifs, car peut-être ils appréhendent mal votre activité, ne la comprennent pas du tout. Ce foisonnement quotidien d'attitudes vous permet donc de comprendre l'homme, de mieux le cerner, de comprendre la vie, et de mieux la cerner. Vous comprendrez pourquoi certains réussissent et d'autres pas. Les préjugés sont nombreux, mais la mission d'un professionnel du marketing de réseau, c'est aussi d'éduquer.

12. SE FAIRE DES AMIS, DES CONTACTS

Certains affirmeront que L'amitié ne donne pas de l'argent. Mais es ce vrai que les amis et les contacts donnent de l'argent ? La réponse peut être mitigée, et la limite entre le oui et le confuse. Mais la réalité non discutable est celle selon laquelle la pratique du marketing de réseau favorise l'accroissement du carnet d'adresse. Mais comment et pourquoi ?

En effet, faire le marketing de réseau c'est interagir avec des personnes, de tout type. Il s'agit de vendre des produits à des personnes, donc d'être en contact avec elles.

En effet, tout individu a des connaissances, et chaque jour, fait des connaissances. Vos contacts sont composés de l'ensemble des personnes que vous avez rencontré ou connu, soit en face à face, soit par le biais d'outils de télécommunication (Internet, téléphone, ...) dans le cadre personnel ou professionnel. Tout commencer par les contacts proches, soit par réflexe, soit par facilité. Chacun de nous, dans son entourage possède son propre réseau composé essentiellement au départ de sa famille ses amis et ses collègues. C'est à partir de ce noyau dur que tout commence. Certains penseront peut-être ne pas en avoir, mais ceci est faux. Il est même admis que vos relations personnelles peuvent vous permettre d'élargir vos contacts professionnels. Ensuite le cercle s'élargira. Les contacts connus pourront finir, ou diminuer considérablement. Pratiquer cette activité c'est rechercher en permanence de nouveaux contacts. C'est l'un de vous capitaux. Pour aller plus loin, vous connaitrez les contacts de vos contacts, et ainsi de suite. En construisant votre réseau, vous utilisez des hommes, des personnes, des contacts. Par ailleurs, autres que les contacts ou connaissances qui vous sont proches, ceux dont vous faites connaissance par vos connaissances, ceux que vous connaissez au quotidien, vous vous ferez aussi des connaissances dans les séminaires de formation ou de vulgarisation de votre activité, lors de vos voyages, lors de vos présentations. En échangeant avec elles dans des contextes très différents autour de centres d'intérêts communs, vous développerez un sentiment positif d'appartenance à une communauté dont les ambitions et les croyances convergent. Les personnes que vous connaitrez iront de ceux-là qui veulent découvrir le plan d'affaires, par ceux qui sont encore sceptiques, en passant par ceux qui sont déjà dans l'activité, à ceux-là qui ne veulent pas rejoindre l'activité, ou qui sont critiques.

Dans la vie, il est admis que les contacts renforcent votre encrage social, vos liens avec les personnes vous offrent des dispositions et des facilités dans la société, pour les services à offrir ou à recevoir. Vos contacts sont une mine d'informations qui peuvent être bénéfiques, notamment dans votre vie professionnelle que sociale. Ils pourront ainsi répondre à un besoin social fort d'échange, de partage et d'enrichissement personnel. C'est donc à juste titre que le marketing de réseau se trouve être encore qualifié de marketing relationnel.

13. PAR RECHERCHE D'UNE ACTIVITÉ FLEXIBLE

Nombreux sont ceux pour qui la subordination constitue une situation insupportable, parfois inadmissible. Ce n'est guère un secret de dire que le patronat est stressant. Il n'échappe à personne de savoir et d'admettre qu'un employé est en général frustré. De même, il n'est pas indécent d'avoir la volonté de vouloir s'affranchir des liens esclavagistes et de la domination lié à l'emploi.

En effet, à défaut de ne pouvoir s'installer soi-même, de mettre sur pieds sa propre entreprise ou d'hériter des biens vous donnant la place de patron, il est clair que vous serez un employé. Vous aurez un job, à plein temps, ou à temps partiel. La situation n'est pas mauvaise, ni dramatique. Nous travaillons tous. Mais en général, après un certain nombre d'années, le zèle et la motivation qui existait au départ disparaissent petit à petit. La démotivation s'installe, on va au boulot pour faire acte de présence parfois, l'épanouissement n'existe plus. Les raisons sont multiples selon les individus. Certains avanceront les difficultés à joindre les deux bouts, car leur salaire devient insuffisant pour couvrir leurs besoins. Travaillant tous les jours du latin au soir, ils ont vendu tout leur temps pour leur salaire, qui au final, ne suffit pas. D'autres avanceront la thèse de la routine. Ils estiment être formatés à la réalisation des taches précises, chaque jour, pendant des années. Pour finir, ils ressentent l'envi de faire autre chose, quelque chose de différent. D'autre encore se plaignent du salaire trop stagnant, sans évolution, pendant des années. Leurs charges augmentant, leurs salaires restant fixes, ils sont submergés par les problèmes. Eux aussi cherchent mieux. Une autre catégorie avance la raison de la très forte pression au travail, de la sévérité des chefs, des journées trop longues, ce qui efface le repos de leur quotidien. Ceux-ci sont en permanence stressés et frustrés. Parfois, l'espace pour réfléchir n'existe pas. Même à la maison il y a le travail, pris au lieu de service. Parlant de liberté, ils n'en connaissent pas du tout. Ils ont aussi échangé leur temps pour leur travail, pour leur salaire, au service d'une entité, d'une entreprise, ou d'un individu. Après de longues années en général, les conséquences se font ressentir. Le coupable des malaises c'est le travail. Eux aussi décident de trouver un boulot offrant plus de liberté, plus de flexibilité, plus d'autonomie, moins de stress, moins de pression, moins de subordination. Ils veulent laisser leur boulot, mais pour quoi faire ? Pour aller où ? Et à quel âge ? Les choix sont parfois difficiles. Certains se résignent à rester, mais d'autres, plus éveillés, sortent du cercle vicieux, et se lancent dans d'autres activité. Si vous faites partie de cette dernière catégorie, l'activité la plus intéressante serait le marketing de réseau. Ya-t-il de la liberté dans cette activité ? Oui. Peut-on parler de flexibilité ? bien sûr. Les stress liés aux réprimandes du patron sont-elles d'actualité ? Non. Peut-on ajouter au travail exercé à temps partiel la pratique du marketing de réseau ? Absolument, la réponse est oui. Est-il possible de combler les déficits financiers grâce au marketing de réseau ? Plus haut la réponse est donné ; oui.

14. RESSOUDER LES LIENS FAMILIAUX ET SOCIAUX

Les deux arguments ou facteurs ci-dessus évoqués semblent légers mais en constituent le centre de la vie de tout un chacun. Nous sommes tous affectés par notre travail classique quotidien. Notre vie est désormais rythmée par l'emploi de temps du boulot en grande partie. Nous délaissons nos amis et connaissances, notre famille, notre entourage. Certes le plus souvent nous le faisons pour eux, mais à tout moment ils ont besoin de nous. Si nous sommes sujets au manque de temps, à la fatigue, au stress, c'est parfois à cause de notre boulot. Supposons qu'il en est ainsi, et que nous en avons marre. Ceci suppose que nous avons déjà eu la clairvoyance que notre boulot nous rend « prisonniers ». En effet, la plupart des travailleurs ne se rendent pas compte de cette réalité, sauf à la retraite, car ils n'ont pas le temps d'y penser. Mais si vous y parveniez, vous chercheriez certainement, pour ne pas être oisif, un autre emploi, qui vous offre une flexibilité temporelle, des revenus au niveau de votre boulot voir plus, et par conséquent la possibilité de passer du temps avec les vôtres. Quel autre emploi vous offre une telle solution, qui en temps normal sied à tout homme clairvoyant ? La réponse sans ambiguïté est le marketing de réseau. Certains demanderont pourquoi.

En effet, en pratiquant cette activité, il est clair et évident que vous sortez du système patronal dans lequel l'assiduité et la ponctualité sont des règles d'or, et où le travail quotidien est monnaie courante, dans un lieu qui n'est pas votre domicile. Vous avez donc des contraintes, et des obligations diverses, liées au travail et aux résultats. Les personnes avec qui vous travaillez sont quasi les mêmes, et vous partagez mutuellement votre frustration. Dans l'univers du marketing de réseau, il n'en est rien.

Vous avez la possibilité de travailler chez vous, dehors, où que vous soyez, quand vous voulez. Vous pouvez gérer des imprévus, et vous en sortir avec fierté. Vous rencontrez des nouvelles personnes avec qui vous échangez sur votre activité, et votre quotidien est meublé par les discussions avec des personnes qui ont la même vision que vous, les mêmes pensées que vous, les mêmes rêves que vous. Mais ces personnes ne restent pas figées dans le nombre. Le marketing de réseau étant adossé sur le principe du « recrutement », vous avec cette chance unique de voir vos partenaires venir de bords très divers et partager la même vision que vous. Vous vous faites ainsi des mais chaque jour qui passe. Nous le savons tous, l'une des plus grandes richesses est celle des contacts. Votre vie change donc, et vous vous retrouvez dans la création des liens sociaux qui sont en dehors de votre travail. Ces nouvelles rencontres se font lors de vos rencontres avec des nouveaux adhérents, lors des séminaires, lors des formations. Les échanges d'expériences vous édifient sur la possibilité que vous avez de faire mieux, vous inspirent et vous forment personnellement. Ces liens sociaux et cette ouverture sur le monde concerne aussi votre famille.

Dans de nombreuses sociétés, la famille est le socle de la vie, donc l'essentiel. Tout le monde aimerait avoir une famille, à son gout, et à ses préférences. De même, la famille que vous construisez a besoin de vous. Mais les réalités imposent souvent des sacrifices. L'on fonde une famille pour accomplir un rêve. On doit travailler pour entretenir cette famille de la meilleure des manières. Mais le travail que l'on fait cause un éloignement parfois prolongé vis-à-vis de cette famille, que l'on aime pourtant assez. Si vous êtes dans cette situation, l'idée de trouver un emploi qui vous rapprochera un peu plus de votre famille vous a déjà certainement traversé l'esprit. Dans la majorité des cas, la vie quotidienne donne de faire des mêmes trajets, les mêmes actions, les mêmes conversations, les mêmes défis. La monotonie est votre pain quotidien. Vous sortez tôt le matin, vous rentrez tard le soir, épuisés, affamés. Parfois, selon votre emploi, vous devez encore travailler à domicile pour préparer le lendemain. Vous pensez à ce lendemain, avec pour ambition et désir premier de faire plaisir à votre patron, ou alors tout simplement d'éprouver la fierté d'avoir bien fait votre travail. Ensuite vous dormez, et, très tôt le lendemain, vous voilà partit, et le même phénomène se répète toute la semaine, tous les mois, toute l'année. Dans cet état infernal de manque de temps, vous coupez sans doute tout lien véritable avec la famille. Vous sortez au moment où vos enfants dorment encore, vous rentrez quand ils sont endormis. Vous ne savez pas comment vit votre maison en journée, vous ignorez tout du quotidien de votre famille. Ceci est d'autant plus grave lorsque les deux parents ont ce genre de quotidien ? Certes vous avez parfois un bon salaire, mais certainement vous n'avez pas de temps. Vous réalisez à un moment que vous voulez être proche de votre famille. Elle a grandement besoin de vous. Mais que pouvez-vous faire ? La flexibilité vous est proposée par le marketing de réseau. Travailler pour vous-même vous offrirai plus de liberté et plus de champ libre pour assister votre famille et mieux vous en occuper.

15. SE FAIRE UN NOM SUR LA TERRE

Qui êtes-vous ? Que faites-vous ? Que représentez-vous dans la société ? Quelle est votre mission ? Quel est votre impact ? Vous sentez vous investit d'une mission particulière ? Voulez-vous impacter le monde ? La réponse à chacune de ces questions repose sur la considération que vous vous faites de vous-même, des objectifs que vous vous êtes fixés, de vos rêves, et de votre engagement envers eux. Vous pouvez vous estimer somme une surcharge terrestre, consommant inutilement l'oxygène de l'air, et occupant l'espace publique sans rendement ni effet.

De nombreux individus ont un quotidien sans fondement et sans objectifs, ils vivent au jour le jour, sans principes, ni feuille de route, sans fil conducteur, faisant ce qui est faisable, et bien entendu, ne faisant pas ce qui n'est pas faisable. Leur vie est comme un terrain de football, parfaitement horizontal, sans variation positive ou négative. Ils n'entreprennent pas, certains ne savent même pas ce que c'est. Pour qui ou quoi se considèrent-ils ? s'estiment-ils importants ou nécessaires ? Quel est le sens de leur vie ? Ces multiples questions sont nos interrogations, peut-être parce que nous avons compris qu'il est indispensable d'avoir une ou des visions, mais ce n'est pas le cas de tout le monde. L'environnement et la culture peuvent en constituer la cause, mais l'éducation et l'âge ne modifient parfois rien. Mais à qui la faute ?

Evoluant dans un monde à plusieurs vitesses, dans lequel les fractures raciales et sociales sont légion, nombreux sont ceux qui jouent vaincus, qui ont accepté leur bassesse, leur infériorité intellectuelle, leur position au plus bas de l'échelle sociale. Ils estiment ne pas pouvoir être capable d'agir ou d'investir, de réaliser ou d'impacter. Ils se sentent impuissants face à la « puissance » des autres. Leur ardeur se trouve inhibée, refroidie, et ils baissent les bras. Certains estiment que pour faire encore différemment, il faut trop faire, pour dépasser fortement ce qui existe déjà, et les moyens n'y sont pas. De cette manière et dans cet optique, ils deviennent laxistes et paresseux. Vous pouvez vous sentir concernés par cet état d'esprit, par cette situation désespérante qui ne nous met pas en mouvement. Si c'est le cas, sachez que tout n'est pas fini. Si vous voulez conquérir le monde, et que vous n'avez pas de moyens, vous pouvez en trouver un. Faites-vous de vrais objectifs et prenez votre destin en main. Voulez-vous laisser votre empreinte sur cette terre ? Donnez-vous un objectif singulier et lancez-vous. La bataille peut 'annoncer rude, vous estimez que vous n'avez pas d'armes, pas de moyens, pas de mobile. Mais c'est compter sans le marketing de réseau.

En effet, il n'est pas possible pour vous d'atteindre vos objectifs si vous restez dans le cercle fermé et prisonnier du patronat. Employé ou esclave, vous n'avez pas les moyens n'y parvenir. Vous devez entreprendre. Nous le voyons dans cette parution, en travaillant pour un salaire mensuel, il est fort probable pour vous de ne pas être capable de faire des merveilles, à une échelle globale, et impacter votre société. Vous n'avez pas le temps de penser ou de réfléchir, de bâtir une activité, d'investir. Parfois et le plus souvent, vous n'en avez pas les moyens. Pouvez-vous impacter le monde en travaillant toute votre vie dans une échoppe pour un individu ? Voulez-vous conquérir le monde dans votre position de salarié mal payé et accroché de manière ferme à ce salariat ? voulez-vous laisser une empreinte sur la terre en restant au quartier, vagabondant et déambulant de manière amorphe dans les rues, vous donnant copieusement à tous les fléaux, en vous complaisant au chômage ? Certainement pas. Certains visionnaires ont laissé libre court à leur imagination et ont investi dans plusieurs domaines. D'autre, et ceux-là nous intéressent particulièrement, ont saisi l'opportunité du marketing de réseau, et font bien sûr des merveilles. Peuvent-ils laisser une empreinte sur la terre avec cette activité ? Oui ! Parce que cette activité faite de vous l'initiateur d'une entreprise dans laquelle vous gagnez, mais aussi dans laquelle beaucoup gagnent, ceci sous votre impulsion ? Aussi nombreux soient, ils pourront témoigner de votre impact désormais indélébile. Votre entourage aussi reconnaitra votre effet, et cette reconnaissance restera, et sera transmise de génération en génération. Votre influence peut aller au-delà des frontières, vous octroyant le statut d'un penseur, d'un concepteur, d'un manageur, d'un bâtisseur, d'un formateur, qui de manière acharnée, construit et façonne des troupes de millionnaires, modifiant ainsi positivement le cours de la vie de beaucoup, et de beaucoup de familles. On fera des cultes pour vous, des individus élèveront des prières pour vous. Les sociétés citeront votre nom, vous reconnaissant comme l'un des investisseurs qui a transformé de nombreux destins, avec un impact dans la croissance économique. L'avancée de l'activité ne fera que renforcer et imposer votre impact sans cesse grandissant. Des colloques seront organisés selon votre emploi de temps, vos consultations déboucheront sur les décisions d'envergure mondiale. Vous écrirez des livres, qui seront des best Sellers. Certains vous citeront, d'autres écriront sur vous, des mémoires et thèses seront inspirées de vos travaux, vous érigeant au rang d'un entrepreneur qui a marqué son temps. Il n'existe pas tellement d'activités qui vos offrent la possibilité de vous faire une telle visibilité, de vous exprimer devant des milliers de personnes, de changer des destinées par votre soutien, vos idées, vos formations, afin de faire par vos œuvres quotidiennes, une tache d'huile parfaitement indélébile. Pour finir, le monde retiendra de vous l'image d'un individu qui au força de ses convictions a bâti et structuré de nombreuses richesses.

16. AIMER ET VOULOIR
AIDER LES AUTRES

L e marketing de réseau est une activité qui permet de développer des attitudes constructives liées au travail en équipe. On se fait de l'argent dans cette activité en y intégrant d'autres personnes, pour construire un réseau de vente. Ce réseau ne restera productif que si les membres collaborent franchement. L'inverse est aussi vrai, si une sorte de cohésion forte n'existe pas entre les membres du réseau, qui est appelé à grandir.

Lorsque vous présentez les opportunités de marketing de réseau à des personnes, elles vous suivent sur la base de la confiance, de l'amour, et parfois aussi simplement du besoin. Mais quel qu'en soient les raisons, vous avez une responsabilité envers ces personnes. Vous leur avez promis de travailler ensemble et de gagner. Ils vous ont suivi. Alors c'est de votre devoir de les conduire vers ladite réussite. Si vous n'avez pas encore rejoint une entreprise de marketing de réseau , si vous n'avez pas encore pris la décision de vous lancer après la présentation que vous avez suivi, sachez que si vous le faites, la personne par qui vous rejoignez l'activité a le devoir de vous former, de vous soutenir, de vous assister, de travailler avec vous pour vous permettre de gagner. Ceci est bénéfique pour vous, mais aussi pour lui. Cette responsabilité doit revêtir le double caractère de devoir et de droit, pour les professionnels de marketing de réseau. Devoir car cela doit être érigé comme règle ou stratégie et distillée par l'entreprise à travers les formations, et devant nécessairement être apprise et enseignée par les pratiquants de l'activité de filleul à filleul ; droit en ce sens qu'elle doit apparaitre comme ce qui vous est réservé. Vous pouvez et vous devez être responsables de vous et de vos partenaires venus par vous et après vous. C'est extrêmement intéressant et capital pour la survie et la sauvegarde de l'activité, sur le chemin de l'éthique et de la croissance. Mais cette responsabilité aux allures d'assistance ne peut se manifester que si entre les différents partenaires existe un vrai amour, lequel doit être transmis aux autres telle une contamination. Que vous vous connaissez ou pas, vous devez vous aimer, et vous entraider, même si vous n'êtes pas du même réseau. Ceci peut aller plus loin, en offrant votre amour et votre assistance même à ceux-là qui pratiquent le marketing de réseau avec une entreprise différente de la vôtre. Si vous faites du marketing de réseau, vous devez aimer aider les autres. Cela veut dire que vous êtes prêts à aider des personnes externes à votre réseau ou qui ne font pas partie de la même compagnie que vous. De ce fait, cette activité revêt encore plus majestueusement son appellation de marketing relationnel.

Etre responsable et aimer sont des caractères épurateurs des mœurs dans la société. Se soucier du succès de son prochain n'est pas toujours la chose la mieux partagée dans tous les secteurs d'activités, dans lesquels des batailles sanglantes ont souvent lieu pour la survie : jalousie, trafic d'influence, rancœur, harcèlements, pots de vins, manipulations métaphasiques, enlèvements et tortures, tribalisme et népotisme, sabotages médiatiques, etc. Certains travaillent et investissent même pour l'échec de leur prochain. Il s'agit là des attitudes qui polluent et pervertissent de façon indélébile les mentalités, leur incrustant des idées noires qui deviennent héréditaires. Ceci est le parfait contraire des valeurs développées par le marketing de réseau, faisant d'elle une activité qui grandit, et grandira toujours. Il s'agit donc d'une activité génératrice de revenus certes, mais aussi une école de la vie, dans laquelle l'amour et l'entraide sont les maitres mots. Gagner et faire gagner pour gagner encore plus ne peut que galvaniser les individus aux esprits purs. En intégrant ainsi cette activité, vous participez à la construction d'un univers unique dans lequel règne le bon esprit. Prenez la décision, lancez-vous !

17. PARCE QUE LE RISQUE FINANCIER EST MINIME OU PRESQUE NUL

En règle générale, de nombreuses personnes évitent le domaine de l'investissement car seule l'idée des fonds pour investir inhibe leur volonté et leur élan. C'est une pensée commune largement acceptée qui doit être déconstruite avec introduction d'activités exceptionnelles comme le marketing de réseau. Nous l'avons vu, il n'est pas évident d'être son propre patron, d'avoir sa propre entreprise, car les moyens financiers et autres pour y parvenir ne sont pas à la portée de tous. Evidemment, avec cette vision classique, tout le monde ne peut pas être patron. Il en est l'inverse en ce qui concerne le marketing de réseau.

En effet, avec cette activité qui brise les barrières, si votre rêve a toujours été celui d'être un patron, l'opportunité vous est offerte par le marketing de réseau. Ne la loupez pas, n'hésitez pas, saisissez là. Il faut le dire, avec cette activité, tout un chacun peut devenir un patron, ou alors son propre patron à moindre cout. Rappelons-le, intégrer cette activité se fait par le biais de l'achat d'un produit ou d'un service. Selon les entreprises, les produits proposés sont en général à la bourse de tout le monde. Achetez le produit qui vous intéresse, et faites partie de cette merveille entrepreneuriale. Commencez à travailler et faites-vous des commissions. Mais certaines vérités existent en ce qui concerne cette activité.

- Ce n'est pas parce que vous faites le marketing de réseau que vous allez forcément réussir. Tout le monde ne peut pas réussir, ne peut pas être riche, du moins pas au même moment. S'il vous a été dit le contraire, sachez que cela n'est pas vrai. Vous pouvez donc vous y lancer, et après quelques années, vous n'avez toujours rien gagné. Ceci c'est vrai, ceci existe. Mais es ce l'exemple à prendre lorsqu'on veut se lancer dans une activité ? non ! cependant, si vous ne gagnez pas, vous aurez quand même un produit que vous avez acheté, qui vaut son cout. Vous gagnerez aussi en de nombreuses constructions personnelles, comme La lecture, La confiance en vous, la prise de parole en public, L'ambition, La maturité dans les affaires, la Gestion du stress et l'improvisation, la Gestion des émotions, l'Organisation de votre temps, Le Leadership, L'attitude, l'Optimisme, La Vision, etc.

• Vous pouvez démarrer l'activité, et gagner dès les premiers jours. C'est très intéressant. Les gains peuvent être constants et réguliers, réguliers et croissants, réguliers et décroissants, irréguliers, et peuvent même disparaitre. Quel qu'en soit le cas, vous avez un produit, et vous bénéficiez des valeurs citées ci-dessus.

Il est donc clair que le marketing de réseau par sa conception offre la possibilité d' »investir » avec un risque financier vraiment faible ou nul(le cout n'est pas suffisamment élevé pour faire de vous un éternel endetté). En réalité, tout commence comme dans le système classique, par l'achat d'un produit et bien évidement son acquisition, mais ensuite par l'opportunité de se former et de gagner sur plusieurs plans. Même si les gains financiers ne suivent pas, on ne pourra en aucun cas parler de perte, car vous tenez un produit qui vaut sa valeur. Dans le marketing de réseau, on ne perd pas, on ne fait que gagner

18. C'EST FAIT POUR TOUT LE MONDE ; PAS BESOIN DE FORMATION QUALIFIANTE OU CERTIFIANTE

P armi les idées reçues sur le marketing de réseau, certains estiment qu'ils n'ont pas le talent, qu'ils ne sont pas de bon commerciaux, qu'ils n'ont pas la formation. Evidemment, ce sont des idées reçues, développées avec le temps et largement partagées par les individus dans diverses communautés. Ceci freine considérablement les élans des uns et des autres. Mais c'est lié globalement à une méconnaissance des rudiments de cette activité fortement libérale.

En effet, dans la plupart des entreprises, postuler à un emploi exige en général un état de services ou un curriculum vitae plus ou moins fourni. Si vous n'avez pas la formation requise, alors nous n'aurez pas non plus le poste. Ceci est connu de tous. Les formations académique et professionnelle sont des exigences préalables. Comment donc avoir un emploi ou un job bien rémunéré sans besoin de formation professionnelle ?

Tout dépend du job visé. En e qui concerne le cas précis du marketing de réseau, aucune formation n'est exigée à l'avance, ou posée comme préalable pour se lancer. D'après le concept en lui-même, l'achat d'un produit suffit. Que vous soyez pluri Docteur ou illettré, vous êtes tous au même niveau. Il faut référer des personnes dans le système, dans l'activité, et ceci indépendamment de votre cursus scolaire, de vos diplômes, de vos certifications. Si vos connaissances vous aident alors tant mieux. Si vous êtes illettré ou alors avec un niveau scolaire bas ou jugé insuffisant, vous pouvez vous lancer et réussir au-delà des attentes ou des espérances. Le marketing de réseau est donc fait pour tout le monde. En ce sens ; il revêt encore mieux son caractère équilibriste de la société, en offrant des chances égales à tous les individus. Encore plus intéressant, en intégrant cette activité, vous êtes mis en contact avec des personnes qui sont plus anciennes que vous, et donc plus expérimentées, qui vous offriront une formation spécifique à votre entreprise, pour vous donner les stratégies de réussite. Vous découvrirez alors selon votre niveau de curiosité, le concept en lui-même, l'entreprise en elle-même, les succès story qui vous ont précédé, et vous forgerez une personnalité qui fera des résultats. Le marketing de réseau apparait donc simple, mais n'est pas démocratiquement jugé facile. Mais ceci ne doit pas vous effrayer. Les portes vous sont ouvertes. Lancez-vous !!

19. PARCE QUE VOUS VOULEZ TRAVAILLER À VOTRE RYTHME, EN TOUT LIEU ET EN TOUT TEMPS

Cette raison se situe dans la continuité de la flexibilité. Elle constitue aussi une raison complémentaire, mais dont l'importance est avérée. Les travailleurs stressés sont habités par ce sentiment, et ceci les hante en général. Mais peu marqueront le pas.

Dans le monde du travail, travailler pour autrui est synonyme de travailler sous les ordres, avec une fréquence parfois inhumaine. Certains boulots exigent les déplacements plus ou moins lointains, sans offrir des libertés pour congés ou vacances. Les personnes concernées sont comme des machines, des robots, qui travaillent et doivent produire. Signalons le aussi, dans ce monde de l'emploi, les licenciements sont parfois courants. Alors malgré tout, on s'accroche. De nombreux individus en prennent conscience et décident de trouver un emploi qui leur offre la liberté spatiotemporelle. L'une des activités qui sied le mieux à ces conditions c'est le marketing de réseau. Dans son concept de recrutement, les actions sont menées non pas selon un emploi de temps imposé par un supérieur hiérarchique, mais par la motivation intrinsèque qui surgit en chacun. On agit donc plus comme commandé par un système qui prive de tout espace de pensée et d'évasion, mais plutôt avec la liberté de faire ou pas. Ceci est vrai au niveau de l'espace de travail. En tant que travailleur en entreprise ou de l'état, votre lieu de travail est prédéfini : bureau, salle de classe, chantier, rue, site de l'entreprise, outil mobile, etc. dans ces cas, le lieu est non variable, inchangeable. Vous vous y rendez chaque jour pour accomplir votre travail, votre tâche. Vous y êtes obligés. Dans le cadre du marketing de réseau, ce n'est guère le cas. Vous pouvez travailler où vous voulez, et quand vous voulez. Chez vous, à votre travail, à la plage, au restaurant, dans le métro, partout, et que ce soit le matin, à midi, le soir ou la nuit, vous pouvez travailler. Tout dépend de vos interactions avec des personnes, avec vos contacts, avec vos partenaires. Cette ultra flexibilité est séduisante, et attire beaucoup. Nombreux sont donc ceux-là qui adhèrent à cette prestigieuse activité, par quête d'une détente quotidienne dans le travail, l'envi de souffler, le désir de s'évader. Elle offre ainsi au marketing relationnel le statut d'activité de liberté, et qui par son potentiel rémunérateur reconnu fort, offre à celui qui le pratique, le moyen de tutoyer une autre forme de liberté : la liberté financière.

20. VISER LA LIBERTÉ FINANCIÈRE

L e concept se démocratise peu à peu dans les mentalités, les bouches, les mœurs, et font partie intégrante des objectifs de bon nombre d'entrepreneurs. Consciemment ou non, les populations y croient. Mais ceci est semblable au butin remporté après une bataille, un combat. Ceci suppose que l'individu qui vise la liberté financière est comme un guerrier. Malheureusement, peu sont engagés et bien armés pour cette quête pour le moins parfois très tumultueuse.

S'il faut apporter une définition au concept de liberté financière, les expressions seront passionnées et personnalisées. De toutes les façons, cela se rapporte à une indépendance multiniveaux, dont le côté finance occupe une place déterminante, mais aussi indépendance temporelle, liée au travail et au salaire, à la consommation et aux loisirs. Un individu libre financièrement apparait comme celui qui ne s'impose aucune restriction à la consommation et à la dépense. Bref, il achète ou dépense pour ce dont il a le désir, quand et où il le veut, selon ses caprices. Tout semble être à sa portée. Dans cette mouvance, il ne dépend guère d'un salaire issu de son travail pour vivre, et sa présence n'a plus un caractère indispensable comme chez l'employé. L'image n'est pas forcément celle d'un individu qui ne travaille plus, mais celle d'un personnage qui utilise son temps pour son épanouissement et ses passions, qui en général sont des activités lui rapportant toujours des gains. Autrement dit, il ne subit plus le travail, mais il exerce un travail qu'il aime réellement, et qui n'est plus pour lui une corvée. Il est sorti du cercle vicieux largement partagé qui suppose qu'il faut travailler plus pour épargner plus, et est entré dans une enceinte très restreinte, meublée par ceux-là qui épargnent lorsque les autres vont au guichet retirer leur salaire.

Viser la liberté financière c'est donc atteindre un niveau de tranquillité d'esprit, lié aux revenus passifs générés par nos activités, dans un contexte où désormais notre argent travaille pour nous. Nous devenons donc un être particulier, qui possède à la fois le temps et l'argent. Comme précisé plus haut, atteindre ce stade nécessite des armes particulières, dont un état d'esprit fort qui accompagne des décisions fortes et constructives. Un employé CDI et CDD peut aussi nourrir l'ambition d'atteindre la liberté financière. C'est son droit ; mais a-t-il les moyens qui le conduiront à ce stade-là ? Certains travailleurs sont choqués par des fins de mois difficiles, des salaires insuffisants à l'épanouisse-ment personnel, victimes du stress au travail, et voulant le faire toute la vie par manque d'alternative, mais désireux d'atteindre la liberté financière. Si vous faites partie de ces exemples, vous n'êtes pas sur le chemin de la liberté financière. Mais pour y arri-ver, il faudra développer des revenus passifs qui feront de vous un patron. Ces points sont d'ailleurs développés dans cet ouvrage.

Disons-le, la liberté financière n'est pas l'apanage de tous les métiers. Parlant de ces métiers qui bâtissent le chemin vers ce stade très prisé et convoité, le marketing de réseau occupe une place très importante, avec, de par sa conception, peut générer des revenus passifs, essence même les éléments façonnant dans la pratique le chemin vers cette indépendance. La surprise est souvent grande, lorsque les opportunités de marketing de réseau vous sont présentées. Ceci est légitime au vu des sommes bran-dies certains affirment même que s'ils avaient ces revenus, ils ne souffriraient plus jamais. Mais ces chiffres ne sont que des simula-tions, des approximations. En réalité il est quasi impossible d dire combien un homme peut gagner dans cette activité tout au long de sa vie. Les gains sont en général illimités, se distribuant selon les individus, de rien à un ou plusieurs millions par jour. Tout dé-pend de l'envergure et de la productivité de votre réseau de vente, selon les systèmes de rémunération de l'entreprise avec laquelle vous travaillez. Ceci est vrai, et réalisé par des milliers de per-sonnes à travers le monde, en Afrique aussi. Voulez-vous être l'un d'entre eux, c'est possible. Lancez-vous !

21. DES CHARGES ET UNE FISCALITÉ AMOINDRIES ET ALLÉGÉES

On ne cessera jamais de le dire l'industrie du marketing de réseau est tout ce qu'il y a de plus légal. C'est une activité professionnelle connue et qui a de l'expansion. Son développement à travers le monde fait de ce business l'un des plus en cours d'apprivoisement. Quelle que soient les cultures et les mentalités, cette activité nait et prend corps. Dans bien des cas, c'est sous l'impulsion des résauteurs qu'elle arrive dans un pays, se met en en place, et que la législation y relative se met à jour. Dans de nombreuses contrées, il s'agit d'une activité au départ méconnue, mais qui se trouve presque toujours adoptée et réglementée, afin de lui offrir un caractère professionnel.

Le marketing de réseau va bénéficier du régime général de la Sécurité Sociale. Le VDI bénéficie de cotisations sociales allégées et progressives et ne cotise qu'en cas de revenus effectifs. Ceci est un gros avantage lié à cette profession, et qui se présente comme une spécificité. En tant que résauteurs, vous bénéficiez d'une opportunité unique telle que indiquée, verser des impôts uniquement sur les commissions gagnées ou obtenues. Ceci est complété par le style d'activité, dans sa pratique au quotidien. Vous travaillez comme patron pour vous-même, selon un lieu et des horaires que vous avez définis ou choisis. Votre engagement est personnel, et lié à votre désir de réussite. Contrairement à d'autres activités communes et classiques intégrant le commerce, la vôtre qu'est le marketing de réseau ne vous impose aucune taxe supplémentaire. Prenons pour exemple les restaurants, les alimentations, le taxi, les hôtels, les bars, ou toute activité commerciale nécessitant une ouverture sur le public. Ces activités entre autre vous obligent à vous acquitter des droits de stationnement, des impôts libératoires, des frais d'entretien, la taxe ou cotisation foncière des entreprises, la taxe de cotisation sur la valeur ajoutée des entreprises, l'impôt sur les sociétés, la solde d'impôt sur le revenu, l'impôt sur la fortune immobilière, les taxes annexes, et les charges liées à l'entreprise en elle-même. Ceci donne l'allure d'un casse-tête qui octroierait des migraines permanentes. Considérant cette situation alarmiste souvent désastreuse pour les investisseurs, le marketing de réseau se révèle avec une tendance simpliste et simplifiée, qui se déploie dans une atmosphère de liberté et d'auto emploi. La fiscalité se trouve donc légère ou allégée, les charges quasi inexistantes, et les revenus strictement personnels.

L'opportunité est ainsi offerte par le mlm à tout individu de créer en douceur et sans risque, sa propre activité, sa propre entreprise et d'acquérir en travaillant, une compétence professionnelle dans un métier de vente de produits et services. Comme raison singulière pour se lancer, celle-ci vous offre une idée nouvelle de ce concept novateur fortement plébiscité.

22. DES REVENUS IMMÉDIATS ET SUR LE LONG TERME

Le marketing de réseau est une activité qui génère des revenus par la vente. Ceci se faite grâce à l'effort combiné des équipes de vente. Mais le caractère immédiat des revenus n'est tributaire que du la promptitude et de l'engagement des intervenants. A titre d'exemple, un individu qui se met au travail immédiatement après souscription est naturellement éligible pour des gains immédiats, liés à son travail. Son engagement et sa volonté à bâtir rapidement une équipe, un réseau, détermineront le climat de ses revenus personnels, mais aussi ceux de ses partenaires. Le phénomène inverse est observé chez celui-là qui bien qu'ayant fait un achat, n'a aucunement commencé à faire l'activité à proprement parler. Il est comme un commerçant qui a chargé une boutique, mais qui ne l'ouvre pas, ou alors l'ouvre très rarement pour très peu de temps. Comment aurait-il des revenus, des bénéfices, vu qu'il n'effectue aucune ne vente ? Le même phénomène s'observe dans le marketing de réseau. Ainsi donc, la formule suivante marche presque toujours. Plus vite vous vous lancez dans le travail, plus vite vous gagnez. Ladite formule ne marche cependant pas toujours, dans des cas suivants : l'individu a souscrit, il travaille, mais de manière désordonnée et non professionnelle ; il peut travailler certes, mais sans respecter les stratégies ; il peut le faire par suivisme, juste pour s'accommoder de sa famille ou de ses amis qui le pratiquent véritablement ; les personnes à qui il présente l'opportunité ne le suivent tout simplement pas ; il peut manquer de formation, et ceci en constitue une raison forte et très répandue. Ces raisons peuvent induire des retards dans les gains chez certains, créant ainsi des déphasages dans l'échelle des commissions, selon les dates de souscription.

Facilement dit, il est possible de commencer cette activité, de travailler certes, mais ne pas gagner sur le coup. Et pendant ce temps, un autre individu arrive après vous, travaille comme vous, et gagne immédiatement, et assez bien. C'est parfois frustrant, mais quelle idée avez-vous du marketing de réseau ? Votre repose à cette question déterminera votre survie dans cette activité. Ainsi, de nombreuses personnes présentent des styles et niveaux de vie qui changent rapidement, parfois très rapidement après qu'elles aient rejoint le marketing de réseau. Ces changements dans le quotidien intriguent en général l'entourage. Ceci n'est que le résultat des revenus immédiats générés clairement par cette activité pour le moins très magnifique

Les revenus bien que immédiats peuvent être obtenus. Mais ils peuvent aussi s'échelonner sur le long terme, parfois durant toute votre vie. Les contrats sont signés pour longtemps, et les réseaux ou équipes de vente grandissent chaque jour. Ceci induit des ventes toujours plus nombreuses, qui engendrent des commissions toujours présentes et grandissantes. Si ceci est vrai pour vous, alors ça l'est aussi pour vos partenaires, ceux-là qui vont fait confiance en vous suivant dans cette activité.

23. DES REVENUS PROPORTIONNELS AUX EFFORTS

Certains affirment que les gains obtenus via le marketing de réseau constitue l'argent le plus pur qu'il existe. Si l'on part du postulat selon lequel tout revenu proviendrait d'un effort, alors ceci serait le plus vrai possible lorsque l'on parle de ce système. Il ne s'agit pas ici d'exhiber des slogans maquettistes, mais de relever des faits, tels qu'ils sont.

En effet, dans cette merveilleuse activité, gagner n'est qu'une conséquence, celle d'un travail fourni et des efforts accomplis. Plusieurs penseraient que se faire de l'agent dans le marketing de réseau est chose facile. Mais ce n'est pas très exact. Pour y arriver, il faudra poser des actes et se doter d'un esprit fort et bon, positif et constructeur, rester focalisé sur des objectifs toujours grandissants, et penser sans relâche à des stratégies innovantes qui fructifieraient vous efforts. Il va falloir former les nouveaux, et leur transmettre votre engagement et votre enthousiasme, pour faire d'eux des « super vendeurs ». Pour gagner, vous devez donc mobiliser tout votre être, d'autant plus que l'investissement n'est pas faite sur les machines aux réactions prévisibles, mais sur l'homme, espèce dans laquelle chaque individu est unique. Vous prendrez chacun selon sa nature et sa personnalité, selon ses croyances et son tempérament, selon ses perceptions. Votre mission sera de le façonner afin de faire de lui un marqueteur professionnel. C'est donc un travail de tous les jours, de tous les moments, si vous vous estimez professionnel. Bâtir un réseau de vente c'est comme se former à un métier, apprendre suffisamment pour former d'autres, et leur apprendre à former d'autre encore, et ainsi de suite. Maintenir une ligne de pensée, d'idées, de croyance, de motivation, de formation, d'assistance, d'amitié, afin de maintenir éveillés les esprits de vos partenaires. Vous devez y veiller, car si votre réseau et vous ne faites pas de ventes, vous ne gagnerez pas, encore moins vos partenaires. Vous serez impliqué à tous les niveaux, surtout dans ce système où le nombre d'individus peut augmenter de manière exponentielle.

Dans le marketing de réseau, il n'y a pas de salaire fixe. Il y a des commissions sur les ventes, sur les affiliations. Ne vous engagez pas dans cette activité en pensant être dans une entreprise classique ce qui vous donne droit à un salaire à la fin du mois. Vous pouvez passer un an sans rien gagner, même plus que çà. Mais si vous continuez de travailler malgré le manque de résultats, vous pourrez être vos même surpris de vos gains. Par ailleurs, vous pouvez commencer à gagner très rapidement, quelques jours après votre démarrage. Vous continuez de fournir des efforts, et vous gagnez toujours plus. Dans ce cas, soyez prudents, et renforcez la formation de vos partenaires, assistez les au maximum, car ils sont la force d votre système. Si vous vous retrouvez aveuglés par les gains au point de lâcher votre attention sur le réseau, ces résultats s'estomperont, et effets ne tarderont pas à se faire voir. Restez concentrés, focalisés sur les actions et les résultats, mais assurez-vous que vos partenaires gagnent. Ainsi donc, il n'existe pas de gains dans le mlm sans efforts, et ceci est vrai si on y associe une relation de proportionnalité. Soyez donc éclairés à ce sujet. Vous ne gagnerez rien si vous ne vous engagez pas véritablement à travers des efforts conséquents. L'inverse est vrai. Il ne s'agit pas et ne s'agirait jamais d'argent facile. Prenez la décision, lancez-vous !

24. VIVRE COMME UN MILLIONNAIRE

L'habit ne fait pas le moine, mais on reconnait le moine par son habit. Ce proverbe immensément connu est avancé par de nombreux individus, au détour des conversations, pour exprimer des avis ou des sentiments. La première partie est souvent dite sans la suite, par ceux-là qui estiment que la richesse se s'extériorise pas, mais peut être très subtil, en arrière-plan, invisible. Cette considération laisse supposer que la richesse n'est pas forcément la chose la mieux partagée et que l'identification d'un riche ne se cantonne pas au simple regard. Ainsi émerge la seconde partie, qui vient déconfiner partiellement la première, et laisse penser que le physique peut dans certains cas indiquer ou faire penser à la richesse. Ce physique concerne bien entendu les habitudes vestimentaires, mobilières, culinaires, comportementales et sociales. Dans ce jeu d'idées, une catégorie d'individus qui se sent considéré par les deux parties du proverbe émerge. Certes leurs « habits » ne permettront pas forcément de les identifier comme millionnaires, mais seront cependant suffisant pour les considérer comme tel. Tout ceci se résume au style de vie.

En effet, tout individu revêt le « vêtement » extérieur qui est le reflet de la considération intérieure qu'il a de lui-même, de sa personne et de sa personnalité. Les attitudes et les habitudes présentées par tous et par toutes émanent logiquement de l'opinion intérieure qui est faite par chacun, de façon consciente ou inconsciente.

Ceux qui le font consciemment sont de deux types :

Les premiers sont ceux qui ont une forte opinion d'eux même, qui s'estiment grands dans l'esprit et dans l'âme, qui estiment ne pas « être n'importe qui », qui construisent leur personnalité, et par conséquent, affichent une stature extérieure de personnage financièrement aisée. Ils sont propres, cultivés, posés et courtois, développent dans leurs expressions des idées qui « sortent de l'ordinaire », et sont en général capitalistes. Nous avons parlé d'eux plus haut. Ils vont semer la confusion. Nul ne pourra dire avec exactitude s'ils sont millionnaires ou pas. C'est leur attitude qui inspire et instaure le doute.

Les seconds sont ceux-là qui de manière consciente et programmée, ne développent aucune opinion positive d'eux même, et estiment qu'ils ne sont rien, ni pour eux, ni pour leur famille. Pour eux, c'est héréditaire d'être pauvre, et même s'ils le voulaient, ils ne seraient jamais riches. C'est leur destinée, estiment-ils. Ils deviennent alors les commentateurs des vies des autres, devenus spécialistes de la vie d'autrui. Ils n'ont développé avec le temps aucune attitude qui puisse leur permettre d'évoluer, d'émerger. Ils aiment habiter les bidon villes où la promiscuité est normale, le désordre et l'insalubrité. Leurs pensées sont tournées vers les petits métiers, ils sont cantonnés à travailler pour les autres, et ceci devient même culturel, au point où certains métiers bas leur est réservé. Leur aspect extérieur permet de les identifier comme pauvres, misérables. On les rencontre abondement en Afrique. Dans cette catégorie pourtant, certains riches existent.

Ceux qui de manière inconsciente développent un point de vue d'eux apparaissent naturellement tels qu'ils sont. Autrement dit, ils sont « sales » parce qu'ils sont «pauvres », et « propres » parce qu'ils sont « riches ». Quel qu'en soit le cas, l'environnement participe à la construction de la coquille de tout individu. Qui s'assemble finit par se ressembler. Si votre compagnie quotidienne est faite de fumeurs, il est fort probable que vous fumiez un jour, ou alors que vous apprivoisiez la cigarette. Cette image est vraie pour les autres exemples. En vous associant quotidiennement aux individus sans considération d'eux, vous finirez par faire pareil. Et alors vous constituerez une équipe, une bande d'individus qui se sous estiment. L'inverse est aussi vraie pour bâtir une coquille telle que celle souhaitée, il faut choisir ses amis, sa compagnie, afin d'être en immersion dans « leur monde », et suivre leurs pas. Ecouter des informations positives, lire des succès story, discuter avec ceux-là qui font comme vous ou qui ont fait comme vous voulez, intégrer des milieux qui offrent la possibilité de développer une telle tenue. Certes vous pouvez avoir vu le jour dans un milieu de basses pensées où l'évolution est un mythe, mais vous pouvez sortir de là pour vous distinguer par vos idées et vos actes.

L'environnement comme milieu et contenu éducatif peut aussi être incriminé, dans des contextes où les contenus des enseignements n'intègrent pas la culture de soi et les bribes de développement personnel. Ceci évolue au niveau de l'emploi, le type d'emploi aussi. Certains ont déjà admis que leur emploi ne leur rendra jamais riches, et pour eux, c'est un postulat non discutable. D'autres pensent pourtant différemment. Parmi ces derniers, les individus qui pratiquent de façon professionnelle le marketing de réseau. Nous l'avons vu, cette activité est une puissante antichambre d'éveil personnel. Ceux qui en sont déjà pratiquants peuvent l'attester sans doute. Mais si vous ne l'êtes pas encore et que vous avez décidé de rejoindre ce magnifique chemin, vous le confirmerez-vous aussi. C'est pourquoi ans la société, une nette différence se fera sentir entre ceux-là qui pratiquent de façon professionnelle le mlm, et les autres. Dans leur « milieu », la culture de la considération de soi est un plat quotidien. L'attitude développée est celle présentée par les individus qui sèment le doute et la confusion, telle que décrite plus haut. Pratiquer le mlm c'est donc avec le temps, vivre comme un millionnaire. La considération de son statut de millionnaire est d'abord spirituelle et mentale. Elle se conçoit et se manifeste. Au quotidien, l'attitude du millionnaire est développée, et les actions y afférentes sont menées. Autrement dit, on « vit » quotidiennement comme un « riche », on pense tel qu'elle, et on travaille dur, pour finir par le devenir. On est entouré par ceux qui font pareil, et cela se mue en habitude, en caractère, en style de vie. C'est une singularité du marketing de réseau. Quel que soit votre origine, votre considération antérieure que vous aviez de vous, votre style de vie, votre environnement, votre passé, vous pouvez encore tout changer, en intégrant l'activité de la renaissance, qui vous aidera à vous séparer votre enveloppe négative, afin de revêtir le « manteau » du progrès, marqué par le sceau du changement. Ceci passera par votre intégration au sein de cette prestigieuse activité, aux élans de façonneur social, qui fera de vous l'individu dont vous rêvez désormais. Prenez la décision, lancez-vous.

25. INVESTIR SUR LA SEULE RESSOURCE INTARISSABLE : L'HOMME

Nombreux sont ceux qui sont surpris par la flambée ou la montée en puissance du marketing de réseau. Leur étonnement est d'autant plus grand lorsque cette activité se trouve aussi rapidement très fortement conseillée. Ce comportement est légitime, car c'est un système quasi non enseigné à l'école ou à l'université. Nous le savons, comme indiqué dans cet ouvrage, que tout le monde peut faire le marketing de réseau. Mais il est question ici de pousser l'assertion plus loin, en affirmant avec fermeté que tout le monde doit faire le marketing de réseau.

En effet, la société est animée au quotidien grâce à de nombreux services de nombreuses entreprises, qui sont par ailleurs des investissements. Chaque entreprise a des ressources, qu'elles soient matérielles ou immatérielles, donc physiques ou morales. Ce sont les éléments qui participent à la croissance et à la rentabilité de l'entreprise. Les ressources immatérielles sont employées pour rendre productives les ressources matérielles. Mais bon nombre parmi ces dernières revêtent un caractère périssable. A l'échelle mondiale, les ressources les plus productives sont connues/ pétrole, gaz, charbon, bois, mines, et bien d'autres. Ils sont la réputation de participer à la construction du budget des états. Elles sont prélevées dans notre planète et leur stock n'est pas illimité. Cependant, si ces ressources connues comme périssables mais à fort potentiel économique, qui par ailleurs irriguent la majorité des autres investissements de moyenne classe, venaient à s'épuiser, quel serait le moyen de redistribuer les richesses, qui elles-mêmes n'existent plus ? De nombreuses nations agoniseront à cause de leur forte dépendance aux ressources naturelles, qui aujourd'hui ont fortement chuté. Dans ce contexte qui se globalise, que feront les individus pour s'autonomiser financièrement. Le fait d'avoir misé sur une ou une poignée de ressources naturelles peut être considérée comme une « erreur ». Avec le progrès de la science et la volonté pour l'homme de se moderniser et simplifier les échanges, un système unique et fortement indiqué émerge et se distingue : le marketing de réseau. Peut-elle être la réponse aux « erreurs » du passé ?

La réponse à cette question risque d'être passionnée, si elle est adressée à tout le monde, sans considérer les connaissances des uns et des autres en la matière. Mais dans cet ouvrage qui se veut éducatif sur le sujet, la réponse est oui. En effet, pratiquer le marketing de réseau c'est exercer une activité qui autonomise, responsabilise, et qui emploi. Dans sa conception, cette activité n'est peut-être pas créée ou destinée à façonner des multimilliardaires sur le coup, mais pour générer de nombreux multimillionnaires. Nous l'avons vu, il s'agit d'un système qui équilibre et uniformise les individus et les classes sociales, en imposant l'équité. Il apparait donc comme celui qui vient avec un souffle nouveau, offrant la même chance à tout le monde, sans favoritisme dans les rémunérations. Il est perin et non attaquable. S'il est bâti sur des conceptions évolutives, il ne s'arrêtera pas, car est basé sur une ressource intarissable qui est l'homme. Ceci est connu, l'homme ne finit pas. Parti de ceci, le système en lui-même restera tant que l'homme existe et l'intègre. Ce dernier représente donc l' « investissement » conseillé ou le « capital infaillible ». Ses nombreux atouts offre au système qui l'utilise le caractère ou la valeur de solution aux « erreurs » du passé. Investissez dans le marketing de réseau, investissez sur l'homme, lancez-vous !

26. OBTENIR UN STATUT DE VDI

Les particularités liées au marketing de réseau sont assez nombreuses. Ces particularités concernent les vendeurs et l'entreprise. Parmi elles, le statut de VDI ou vendeur à domicile indépendant.

En tant qu'individu, intégrer l'activité de marketing de réseau via une entreprise fait de vous un vendeur, auquel est attribué le statut de VDI. Ce dernier lui octroie une flexibilité générale, aux saveurs positives. Mis en place par la fédération de vente directe en 1993, Le statut VDI minimise les démarches à effectuer lors du démarrage d'une activité. Autre les simplifications administratives, d'autres se présentent aussi, sur plusieurs plans.

Le VDI conserve son indépendance et l'autonomie de l'organisation de son travail, que ce soit pour le temps consacré ou pour les méthodes de prospection et la planification de ses réunions. Comme son nom l'indique, le VDI est indépendant, il n'existe donc aucun lien de subordination entre lui et la société de vente directe pour laquelle il exerce son activité. Il détermine seul son niveau d'activité et ses objectifs financiers sans que l'entreprise puisse lui donner de directives. Sous cette réserve, l'entreprise peut offrir néanmoins une assistance qui n'est pas caractéristique d'un lien de subordination. A cet titre, Le VDI et l'entreprise échangent réciproquement des informations relatives à l'état du marché, les besoins de la clientèle, la situation concurrentielle, les résultats chiffrés du réseau et d'une manière générale toutes informations utiles à l'exercice de la profession. De plus l'entreprise peut communiquer un tarif public conseillé voire un prix maximum au-delà duquel le produit ne peut parvenir à l'utilisateur, dans l'intérêt du consommateur et afin de préserver l'image de marque du produit. Par ailleurs, la réglementation précise qu'aucune rémunération, à quelque titre que ce soit, ne peut être versée par un vendeur à domicile indépendant à un autre vendeur à domicile indépendant, et aucun achat ne peut être effectué par un vendeur à domicile indépendant auprès d'un autre vendeur à domicile indépendant. Le VDI est totalement autonome et sa rémunération est directement liée à son implication personnelle. Il n'a pas à s'occuper de ses charges : c'est son entreprise qui les déclare et les paie.

L'existence du statut de VDI offre à l'entreprise une certaine détente. L'entreprise obtient en effet un certain nombre d'avantages de ce statut. Elle n'aura pas à réaliser d'importantes dépenses en publicité. Pour certaines entreprise de mlm, les dépenses publicitaires sont très minimes, quasi nulles. L'intervention de ses vdi dans la promotion des produits peut suffire pour atteindre ses objectifs de vente, si la publicité avait été faite. Certes, l'entreprise devra rémunérer ses vendeurs, mais les charges qui y sont liées seront moins importantes que celles liées à une campagne publicitaire. Il est d'ailleurs important de savoir qu'elle ne paie que les VDI qui ont directement passé un contrat avec lui. Des conditions de rémunération sont toujours établies par chaque entreprise de mlm, et toute personne qui l'intègre ne devra s'y soumettre pour gagner. Ainsi, Avec le marketing de réseau, la société réalisera un important chiffre d'affaires sans avoir à payer toutes les personnes qui y ont contribué. L'effet du bouche à oreille parait donc plus rapide, plus sûr, et plus performant que celui issu des campagnes publicitaires classiques. Une révolution dans le secteur commercial.

Néanmoins, le statut de vdi regorge un ou des inconvénients en général jugés mineurs. Il est en effet possible de perdre ce statut si les revenus générés par votre activité dépassent les 50 % du plafond annuel de la sécurité sociale, pendant trois années consécutives. Les valeurs chiffrées dépendent des pays. Ceci ne saurait être une contrainte et beaucoup ne le considèreraient pas comme un inconvénient. Si vous êtes donc chômeur, chercheur d'emploi, licencié ou démissionnaire, frustré par des revenus insuffisants, chercheur d'activité secondaire ou parallèle, le marketing de réseau vous octroie un statut légal vous conférant la position d'un « micro entrepreneur ». C'est une source d'inspiration et d'espoir que d'intégrer cette activité super intéressante. Prenez la décision, lancez-vous !!!

27. C'EST UNE ACTIVITÉ
À EFFET LEVIER

Nous l'avons vu, de nombreux travailleurs sont victimes du stress au travail, de la fatigue, du manque de temps, et bien d'autres. Dans les systèmes classiques, chaque individu est confronté au rapport temps-argent. Autrement dit, il existe un échange ou une compensation linéaire du temps par de l'argent. Les travailleurs échangent donc leur temps pour de l'argent, le fameux salaire. Cet échange est un piège fatal qui est à l'origine même de la pauvreté. Il arrive souvent que le salaire est insuffisant, ou alors pour certains travailleurs, il semble suffisant mais leur laisse un temps libre extrêmement réduit. Ceci signifie que pour gagner plus, il faut travailler plus. Quel supplice !!! La problématique que résous l'effet de levier est celle de l'augmentation du temps libre et des revenus.

L'image dont on peut se servir ici est celle du patron et de son employé, d'un point de vue salarial. Nous le savons, le patron peut gagner parfois plus de deux fois le salaire de l'employé, et cela peut aller jusqu'à dix fois plus. Mais savez-vous pourquoi ? En réalité, il a créé une entreprise qui doit être rentable. En temps normal il devrait travailler seul, accomplir toutes les taches, et gagner tous les bénéfices tout seul. Mais il se trouve rattrapé par une réalité, celle de son incapacité à tout faire seul, soit par incompétence, soit par l'ampleur des taches. Alors il recrute des employés, qu'il paie en général en fonction des entrées de l'entreprise, afin de rester positif dans les finances. Le patron divise donc les taches, selon les compétences de ses employés, et s'en « débarrasse ». Il supervise désormais. Les employés travaillent donc pour lui. En conséquence, le travail est mieux fait car réalisé par des personnes compétentes, il est réalisé plus rapidement, car effectué par de nombreuses personnes, et l'entreprise devient donc plus productive. Le patron a donc désormais plus de temps et plus d'argent. Pour y arriver, il s'est appuyé et a bénéficié de ses employés et leurs compétences. En plus de recevoir 100% de la valeur de ses efforts, il reçoit aussi un pourcentage de l'effort de ses employés. C'est le visage simple de l'effet levier. Mais il est clair que tout le monde ne peut pas devenir propriétaire ou patron d'une entreprise, sinon il n'existerait plus d'employés. Le principe s'applique aussi pourtant dans la bourse, dans le trading. Mais un problème existe cependant. Plus vous investissez, plus vous gagnerez sur le long terme. Mais tout le monde peut-il avoir des gros investissements ? Certainement non, si le but est d'atteindre une croissance exponentielle. Une question est donc posée : quelle activité permet d'être son propre patron et de sortir du piège temps-argent? N'exige pas des compétences particulières ? Offre un potentiel de gains illimité? Utilise l'effet de levier qui crée une croissance exponentielle des revenus? Permet de créer un revenu résiduel récurrent ? Ceci potentiellement à tout le monde. La réponse qui sied à ces interrogations est presque parfaitement au marketing de réseau.

Nous connaissons tous le principe de cette activité, construire un réseau de vente faite de plusieurs personnes. Plus le réseau fait des ventes, plus vous qui êtes l'initiateur du réseau peut gagner selon les conditions de l'entreprise. Mais la beauté de ce système réside aussi dans le fait qu'il n'y a pas qu'un seul initiateur de réseau. Tout nouveau participant est à son entrée dans le réseau, initiateur de son propre réseau, de sa propre entreprise. Comme il ne peut pas vendre seul pour se faire des gains très élevés, le principe du mlm lui accorde de bénéficier de l'effet de levier. En effet, il recrutera des personnes, qui recruteront à leur tour, et ainsi de suite. Le terme recrutement correspondant aussi à celui de vente, le réseau grandira de recrutement en recrutement, donc de vente en vente, et donc de commissions en commissions. En conséquence, vous pouvez ne plus vendre personnellement ou même être absent, mais votre réseau fait des ventes, et vous gagnez. Vous avez ainsi bénéficié de l'apport de vos partenaires que vous recrutés, mais qui à la différence du patronat, travaillent avec vous, et non pour vous. Ils sont certes dans votre réseau, mais eux aussi sont initiateurs de réseaux, et en conséquence, gagnent aussi, parfois même plus que vous. Toute personne qui démarre cette activité bénéficie ainsi de la bonté de l'effet levier. En régulant bien cet outil dans le réseau, il est possible de passer rapidement à une croissance exponentielle.

Le fonctionnement de l'effet levier est simple, mais nécessite aussi de simples préalables. Pour gagner gros en mlm, il faut vendre, donc avoir le plus de partenaires possible. Mais le but n'est pas de parrainer des centaines de personnes tout seules. Il faut bâtir un réseau solide qui fera continuellement des ventes. Pour cela, vous devez former des personnes aptes à vendre comme vous, ou même plus que vous, il y va de votre intérêt. Vous devez développer des stratégies simples, former vos partenaires pour qu'ils soient prêts à former aussi, et ainsi créer une simple duplication constructive qui soit durable et productive.

28. ET SI L'ARGENT TRAVAILLAIT POUR VOUS ?

D ans nos visions communes largement partagée de la société, on va à l'école, on suit une formation, et on trouve un emploi. C'est la norme la plus partagée. Autrement dit, e, général, on travaille pour de l'argent, on échange ou on vend son temps et ses efforts pour un salaire. Mais peut-on penser au contexte dans lequel l'inverse se produit ? Pouvons-nous avoir une telle vision qui se situe aux antipodes de la conception commune du travail ? Croyons-nous que cela est possible ? La réponse est oui§

Affirmer que l'argent peut travailler pour nous peut sembler insensé et maladroit aux yeux de nombreux individus. Mais comment peut-on arriver à cela, comment cela est possible ? Certains s'interrogeront de la sorte. Les mêmes oublient de se poser une autre question, étant employés : « quand je travaille, qui gagne le plus d'argent, mon patron ou moi ? ». Et la réponse vient vite, et toute seule. En effet, celui qui s'enrichit vraiment c'est votre patron, pas vous ! Et si vous continuez, vous ne vous enrichirez jamais comme lui. Cependant, lui, votre patron, peut partir en vacances, vous vous travaillez toujours pour lui et vous lui rapportez toujours de l'argent, encore et toujours. C'est votre métier, à savoir contribuer à rendre une personne riche, pas vous. Il faut donc être un patron, donc avoir un business, avoir une entreprise. Toutes les personnes qui gagnent de l'argent sans travailler, ont un système qui travaille pour elles. Mais il est admis dans ce livre, que pour avoir une entreprise physique, il y a des barrières dont la plus difficile est le financement. Pour lancer une entreprise, il vous faut parfois de l'argent, beaucoup d'argent. Cette situation laisse naitre dans les esprits éclairés une autre interrogation. Comment donc détenir une entreprise ou être un patron sans nécessiter de l'argent, ou du moins beaucoup d'argent. Bonne nouvelle, il y a des moyens d'éviter ce problème.

En effet, certaines activités dans leur conception nous donnent l'opportunité d'être des patrons, sans avoir nécessairement beaucoup d'argent pour lancer une entreprise. Parmi elles, le marketing de réseau, déjà développé dans ce livre, sur plusieurs points, comme activité qui permet d'être son propre patron, à moindre cout d' »investissement », ce qui vous permet de gagner à vie même en votre absence, ayant investi sur une ressource intarissable qu'est l'homme. Ainsi donc, votre système générateur automatique de revenus, votre entreprise, c'est le réseau de vente que vous bâtirez, et que vous continuerez de bâtir avec ceux qui vous ont suivi dans l'activité. Même si vous voulez que l'argent travaille pour vous, vous allez devoir quand même travailler au début. Lancez-vous !!!

29. ELARGIR SA ZONE DE CONFORT

S'il faut définir ce concept au sens basique et simple, on s'accorderait sur le fait qu'il s'agisse de l'endroit ou des conditions dans lesquelles un individu se sent à l'aise. De façon plus élaborée, c'est l'ensemble de vos habitudes et des comportements qui vous rassurent, l'espace où votre incertitude, le manque et la vulnérabilité sont réduits au minimum. Dans cette zone, on peut garder le contrôle tout en éprouvant un faible niveau de stress et d'anxiété. Il s'agit traditionnellement de cet ensemble d'activités, d'habitudes ou de comportements qui vous sont familiers et dont vous n'osez sortir par peur des jugements extérieurs ou de l'échec. Elle est même qualifiée de « prison dorée », ce qui est ailleurs très parlant : vous vous y sentez bien, mais elle vous enferme et vous empêche d'évoluer. Les définitions et illustration sont nombreuses, mais le contenu reste commun. Dans la démarche entrepreneuriale, sortir de la zone de confort reste un conseil pour grandir, pour évoluer, pour se développer. En d'autres termes, la zone de confort supposerait la stagnation, la constance, et ceci peut conduire au rabais. Il est important de l'identifier, pour pouvoir en sortir c'est l'ensemble des habitudes et des comportements que vous adoptez quotidiennement. Vous y développez une routine, les résultats sont parfois identiques, vous vous y plaisez. Parfois dans cette zone particulière à chacun, il est difficile d'apprendre, d'expérimenter, d'apprendre, de découvrir, de gouter, donc de vivre pleinement et s'épanouir véritablement. Votre vie quotidienne semble calibrée, calée sur des actions invariables, qui avec le temps semblent inchangeables, parfois avec les mêmes personnes, dans les mêmes lieux. Cette routine régulière semble devenir une accommodation dans laquelle le moindre changement devient imprévisible. Ceci accouche en général de l'inertie, qui zombifie les actions et les hommes avec le temps, et génère le laxisme. Ceci n'est pas l'apanage d'une démarche constructive. Il faut sortir de cette « prison » pour commencer à « vivre ».

La « vie » en effet commence où prend fin la zone de confort. Levez-vous, sortez de la routine, et innovez. Sortir de sa zone de confort signifie traverser la zone d'apprentissage et conquérir la zone de panique. Et cela dans le but d'élargir notre vision sur le monde, mais aussi de changer nos habitudes. Cela va de soi si l'on veut avancer, atteindre des objectifs nouveaux, grandir. Mais sortir de sa zone de confort permet aussi de l'élargir et de se développer. ... il est donc indispensable de le faire afin de vivre une vie riche et épanouie qui permet de développer de nouvelles capacités et même de se lancer des challenges. Innovation et challenges rejoignent le concept fort intéressant du marketing de réseau. Les raisons sont multiples vous êtes très à l'aise dans votre position de chômeur, de travailleur sans lendemain prometteur, propriétaire d'une entreprise qui ne grandit pas, professionnel du marketing de réseau sans résultats, et vous vous y plaisez, vous n'avez pas de soucis, pas de plaintes, et vous avez apprivoisé cette situation au point où cela vous semble normal. Vous êtes même prêts à justifier ces états négatifs, et à donner des raisons qui vous semblent légitimes. C'est ainsi que vous construisez votre zone de confort. Avec le temps, vous avez peur du travail, vous évitez les challenges, et l'inertie couplée à la paresse vous habite. Sortez de là.

Si vous aspirez à des lendemains meilleurs pour vous, votre famille, votre entreprise, votre réseau, alors vous devez bouger. Vous devez améliorer vos résultats, votre quotidien, vos revenus. Apporter du neuf à vos finances, et explorer au besoin d nouvelles pistes. Donnez-vous de nouveaux challenges ; et optez pour la réussite. Votre zone de confort se trouvera changée. Vous n'y serez pas sorti peut-être selon la vision qu'on y appose, mais vous l'aurez élargie, considérablement. Votre état passé jugé et ressenti inconfortable est désormais pour le moment plus confortable, plus aisé, à vos désir. Mais cela est momentané, car vous devez toujours aller vers de nouveaux challenges, parfois toujours plus grands, élargissant encore et toujours votre zone de confort, donc sortant de la stagnation pour la croissance permanente. Ces nouveaux challenges peuvent viser le marketing de réseau, comme activité parallèle ou principale. Cette activité vous permet de vous lever, d'aller vers des personnes, pour leur présenter votre activité, vos produits. Ce nouvel élan, aux allures nouvelles pour vous parfois et pour beaucoup, est dans la plupart des cas un champ fortement inexploré, dont la prospection et l'exploitation vous revient, les revenus aussi. Adjoindre a votre quotidien une telle activité, ou alors décider de l'adopter comme cheval de troie, participe fortement et très spécifiquement à votre sortie permanente de votre zone de confort, et donc de son élargissement. Vous vous inscrivez ainsi dans une démarche entrepreneuriale constructive. Lancez-vous !

30. LES PRÉVISIONS
QUANT À L'AVENIR

Les perspectives d'avenir offertes par le marketing de réseau sont assez nombreuses, et cela à juste titre, au vu et au su de toute sa potentialité. Il est à noter qu'il s'agit d'une industrie en pleine évolution. Il est possible d'affirmer à son sujet que « le marché se porte bien ». Depuis plus de 80 ans, les preuves sont indéniables, le métier s'est installé et s'enracine. on y note incontestablement des avancées très considérables sur l'ensemble des facteurs constitutifs de cette merveille, notamment le nombre de représentants indépendant et donc le nombre de personnes qui gagnent, le nombre de produits vendus, l'élargissement des gammes de produits avec les besoins et la poussée scientifique, des innovations dans le système de rémunération, le nombre de pays touchés, le chiffre d'affaires et le nombre de commissions payées, l'adaptation à l'internet. Ce dernier point représente incontestablement l'une des raisons fondamentales pour laquelle il faut se lancer dans cette activité. Le moment n'a jamais été aussi bon, le terrain pas aussi fertile. Au-delà des chiffres ci-dessus mentionnées, les prévisions futuristes attestent que dans les cinq prochaines années, environ cinq milliards d'individus seront connectés ou auront accès à internet. Cette croissance du taux de pénétration d'internet a un effet dopant sur le marketing de réseau. En effet, il s'agit d'une activité qui se fait de bouche à oreille. En utilisant internet en plus, la croissance devient exponentielle. Les contacts et la fréquence des achats augmentent, et les procédures se trouvent simplifiées. Le concept connaîtra alors un engouement de plus en plus fort. En réalité, les individus sont attachés à la justesse des prix, et veulent bénéficier d'un rapport qualité-prix satisfaisant. Dans cette activité, ils seront satisfaits. L'argent issu des activités contrairement aux autres systèmes, n'est pas destiné aux activités publicitaires, mais à l'amélioration de la qualité des produits et services. Partant du constat de la montée exponentielle de l'activité, boostée par internet et améliorée chaque jour, il est logique pour tout un chacun de fonder des espoirs sur le marketing de réseau, et d'être convaincu qu'il s'agit d'un métier d'avenir.

Par ailleurs, au-delà de ses avancées fulgurantes, le marketing de réseau pose l'équité au niveau du rapport sexe-rémunération. Avec cette activité, les conditions de gains sont identiques pour tout le monde, quel que soit le sexe. Ainsi, selon votre implication, vous pouvez gagner autant que possible, sans discrimination, et sans complexes. L'activité offre les mêmes chances à tout le monde, et les challenges aussi. Elle permet donc une considérable amélioration des économies à travers le monde, et aide à répartir équitablement les richesses, les bénéfices. Compter sur elle pour l'avenir, c'est miser sur aussi l'équité entrepreneuriale. Le favoritisme, le népotisme, l'enrichissement égoïste et unilatéral cèderont progressivement la place à l'équité et l'égalité des chances en affaires, ainsi qu'à la répartition des richesses vers un plus grand nombre. Dans l'avenir, on assistera ainsi à l'émergence d'un monde plus juste et dans lequel tout le monde s'embrasse.

Dans sa conception, le marketing de réseau est une activité qui au-delà des apports financiers, bâtit et éveille l'homme. Nous l'avons vu, en pratiquant une telle activité, on ne perd pas. Si on ne gagne pas financièrement, on est chargé d'une forte expérience entrepreneuriale, qui aidera certainement dans d'autres secteurs. Il s'agit donc d'une activité qui a un potentiel financier énorme, mais qui se présente aussi comme une formidable école de construction de la personne et de l'éducation entrepreneuriale. Ainsi, le mlm octroie à l'individu qui le pratique un succès individuel et un mode de vie adapté qui peuvent avoir une influence positive sur la vie de milliers d'autres personnes. Et ceci s'imposera à de nombreux individus, malgré leur scepticisme. De nombreuses entreprises sont dans l'adaptation de leur procédé de vente à la vente directe. De ce fait, une forte proportion des biens de consommation et des services sont, et seront toujours plus, vendus à travers le système mlm, ceci à travers le monde. Il est connu que cet arrimage offre de nombreux avantages notamment une réduction considérable des frais courants. C'est une merveille, car il s'agit là d'une démarche vouée à la modernisation des économes et des échanges à travers le monde. Ce secteur d'activité est en plein essor certes, mais l'avenir s'annonce sans doute beaucoup plus intéressant. Il pénètrera tous les secteurs, et s'imposera comme moyen d'échange et de commerce à tous.

Cet impact escompté à des allures mondiales. C'est du pain béni pour les entrepreneurs aguerris, et les patrons visionnaires. De nos jours, le monde est un village unique constitué d'individus en interactions permanentes, qui œuvrent pour leur survie et leur évolution. A tous niveaux, la quête du meilleur s'impose, dans le commerce aussi. En tant que système de modernisation des économies, le marketing de réseau est Cette voie de distribution là qui représente assurément l'extraordinaire opportunité de développement pour l'Afrique. Certes son retard économique et technologique n'en fait pas une singularité, mais en constitue un véritable problème. Ce retard se trouve aussi au niveau des mœurs et des systèmes de pensées. Que ce soit en Afrique ou dans bien d'autres pays à travers le monde, les hommes doivent accepter le marketing de réseau. C'est un concept qui a fait ses preuves, et qui continue de séduire. Pour les entrepreneurs sérieux et travailleurs qui le pratiquent bien, il représente un énorme potentiel économique. Dire que l'avenir de l'Afrique se trouverait dans le marketing de réseau serait peut-être trop osé aux yeux des sceptiques certes, mais il faut oser, lorsque l'on parle mlm. Accepter, intégrer le marketing de réseau et le conseiller en Afrique par les africains, c'est laisser libre cours à la construction intrinsèque des individus, à l'accession à l'emploi par la majorité, mais aussi à la transformation des mentalités. Il s'agira d'un puissant et discret stimulus entrepreneurial qui réveillerait les talents commerciaux innés, longtemps restés endormis ou mal mis au service de divers emplois.